国家自然科学基金面上项目(71874190)资助
教育部哲学社会科学研究后期资助项目(19JHQ090)资助
江苏省社会科学基金重点资助项目(21GLA003)资助
江苏省科技计划专项资金(创新支撑计划软科学研究)(BR2023016-4)资助

风电产业创新政策效果研究：政策演进、有效性解析及政策组合设计

王晓珍　刘　珊　谢　颖　著

中国矿业大学出版社
·徐州·

内容提要

“双碳”背景下，风能是中国构建多轮驱动能源供应体系和实现能源系统零碳化的重要组成部分，促进风电产业创新发展是我国实现能源结构转型的重要战略举措。近年来，我国风电产业创新水平逐渐上升，但原创性、自主性重大创新成果缺乏，风电产业在全球创新格局中仍处于低端锁定与核心技术受制于人的窘境。

笔者构建 S-COPA 政策效果分析框架，基于多视角、多阶段评估我国风电产业政策有效性，并在此基础上从宏观、中观和微观三个层面探讨风电产业政策作用效果的影响因素。分析发现：产业政策效果整体较好，但不同类型政策的作用效果具有差异性，且政策效果受到多方面因素的影响。基于此，笔者重点从政策制定与传导、区域创新环境建设和企业内部治理等方面提出相应的政策建议。

本书可为高校、政府等风电产业相关研究者、政策制定者以及企业经营者提供理论参考和借鉴。

图书在版编目(CIP)数据

风电产业创新政策效果研究 ：政策演进、有效性解析及政策组合设计 / 王晓珍，刘珊，谢颖著. —徐州：中国矿业大学出版社，2023. 10

ISBN 978 - 7 - 5646 - 6031 - 4

Ⅰ. ①风… Ⅱ. ①王… ②刘… ③谢… Ⅲ. ①风力发电—电力工业—工业政策—研究—中国 Ⅳ. ①F426.61

中国国家版本馆 CIP 数据核字(2023)第 206172 号

书　　名　风电产业创新政策效果研究：政策演进、有效性解析及政策组合设计

著　　者　王晓珍　刘　珊　谢　颖

责任编辑　马晓彦

出版发行　中国矿业大学出版社有限责任公司

（江苏省徐州市解放南路　邮编 221008）

营销热线　(0516)83885370　83884103

出版服务　(0516)83995789　83884920

网　　址　http://www.cumtp.com　**E-mail**：cumtpvip@cumtp.com

印　　刷　苏州市古得堡数码印刷有限公司

开　　本　787 mm×1092 mm　1/16　**印张** 12.25　**字数** 234 千字

版次印次　2023 年 10 月第 1 版　2023 年 10 月第 1 次印刷

定　　价　55.00 元

（图书出现印装质量问题，本社负责调换）

前　言

传统化石能源消耗导致的气候变暖和环境恶化等问题对人类生存造成严重威胁，降低碳排放，实现碳中和势在必行。2020 年 9 月，以习近平同志为核心的党中央在第 75 届联合国大会上，郑重宣布中国将综合采取各种有力的政策手段和技术方式坚定不移地落实“碳达峰、碳中和”目标。此后，“双碳”目标在不同国际会议上被多次提及，并于 2021 年正式写进国家“十四五”规划，中国经济发展方式和能源消费体系由此进入深度低碳转型阶段。加快可再生能源开发应用，进而逐步取代传统化石能源的主导地位，是我国现阶段平衡经济发展与环境治理之间关系的重要支撑点，也是必然选择。目前，新型可再生清洁能源类型繁多，但是应用比较广泛的主要是风能、太阳能和生物质能。其中，风能因资源储备充足和开发成本较低等方面的优势得到中央政府的高度重视，成为中国构建多轮驱动能源供应体系和实现能源系统零碳化的重要组成部分。因此，促进风电产业创新发展是我国现阶段确保能源安全，并提供社会和环境双重效益的重要战略举措。近年来，在中央政府大量且持续的政策资源投入下，中国风电装机规模跃居全球首位，可谓占据全球半壁江山。由全球风能理事会(GWEC)发布的《2022 年全球风能报告》显示，2021 年全球风电新增装机 93.6 GW，而该年中国风电新增并网装机容量 47.57 GW，占比高达 50.91%。然而，我国风电产业原创性和自主性重大创新成果缺乏，关键核心技术内化成功率低，对外依存度依然较高，面临被“卡脖子”的风险。

面对这一系列发展难题，2022 年的《政府工作报告》指出，“推进科技创新，促进产业优化升级，突破供给约束堵点，依靠创新提高发展质量”。可见，技术创新仍然是风电产业突破发展困境实现创新链向上游攀升，进而推进能源结构转型的重要因素。为此，我国中央政府

1994—2020 年间累计发布 321 项政策，政策内容涉及政府鼓励、财税支持、金融支持、信息支持、并网支持等不同方面，旨在通过一系列政策举措弥补创新外部性和环境不确定性对企业利益造成的不利影响，为风电企业突破现有发展困境提供强劲后备动力，进而促进风电企业实现高质量创新。在一系列政策措施的推动下，我国风电企业创新投入水平稳中有增，其中 2019 年风电产业研发投入强度达到 3.03%，相较于 2018 年同比增长约 8%，创新投入水平显著高于其他行业。高额的资本投入使得我国风电企业创新产出数量明显增多，但是创新质量仍差强人意，创新泛而不精、低端研发居高不下、高精尖技术少而弱等依然是我国风电企业面临的严峻考验。

显然，在产业政策驱动下，风电企业创新效果仍未尽人意，政策资源持续投入的低效运行与风电企业技术创新"量多质跛"、关键核心"卡脖子"技术无法攻克的双重矛盾日益严峻。基于此，我们必须清醒认识到深入研究风电产业政策的有效性，明晰政策效果影响因素及其对风电企业创新的影响机制，对于进一步提高政策精准性、降低政策偏误、增强风电企业创新竞争力尤为必要。

为此，本书作者在了解相关文献研究、风电产业发展、深度访谈风电企业高管和相关政府官员的基础上，设计了我国风电产业政策的 S-COPA 分析框架，深入分析了风电产业政策与企业创新的理论关系；从政策发布内容、发布形式、力度和发布部门四个维度刻画了我国风电产业创新政策的演进过程：政策发布内容重点由信息支持和技术支持转向并网支持，多种政策工具形式齐发力，政策力度由弱到强逐渐递增，颁布政策的政府机构数量渐增，其中国家能源局和国家发展和改革委员会（简称发改委）是颁布风电产业政策的主要部门。

本书基于政策发布类型、创新产出质量和创新产出时滞三个视角，运用多元统计回归分析法评估了风电产业创新政策的有效性。结果表明：相比于战略型政策（S_1），战术型政策（S_2）的作用效果更显著，各部门颁布的条例部令对企业创新的作用力度最强，国务院颁布的政策有效性最佳，电监会和国家能源局颁布的政策力度次之；不同类型产业政策（引导型、支持型和规范型政策）对风电企业核心技术创新均具有重要的拉动作用，作用力度由强到弱依次为：支持型政策>引导型政策>规范型政策，同时也导致企业出现非核心技术创新，表明企业存在政策迎合倾向；产业政策滞后1～2年仍对风电企业创新绩效产生显著促进作用，但是作用力度在逐渐减弱。

遵循“宏观—中观—微观”的分析思路，本书详细解析我国风电产业创新政策从政策制定主体（各级政府部门）到政策作用对象（各类型企业）的传导过程，从而识别影响我国风电产业创新政策作用效果的关键因素，结果表明：“命令-依赖型”关系和地区客观需求是影响风电产业政策作用效果的重要宏观因素；区域创新环境显著影响支持型政策和规范型政策的作用效果，对引导型政策的作用效果不明显；企业融资约束是影响政策效果的重要微观因素之一，从企业内部治理结构来看，公司股权集中度、女性高管比例，加之企业规模等特征均是影响产业政策对微观企业作用效果的影响因素。

本书基于S-COPA框架和研发阶段视角对我国风电产业创新政策的效果靶点进行精准识别，并在此基础上设计政策组合方案，结果表明：TS_1-COPA战略型政策布局以国务院为主，发改委为辅或者国务院、发改委牵头的多部门联合发布，TS_2-COPA战术型政策以各个部委尤其是能源相关部委的具体监管部门为主，如能源局和电监会等；在研发创新决策阶段，单一引导型政策的作用效果更加显著；在技术创新阶段，支持型政策和规范型政策为最佳政策组合，而其他政策或政策组合可能是无效的，甚至是破坏性的。最后，本书从政策制定与传导、区域创新环境建设和企业内部治理等方面为政策完善提出了相关建议。

本书构建COPA政策分析框架分析我国风电产业政策历史演进，从多维视角评估我国风电产业政策有效性，并在此基础上探讨宏观、中观和微观三个层面风电产业政策作用效果的影响因素，同时构建S-COPA政策效果分析框架和划分企业研发阶段以识别政策靶点的研究思路，对于提升我国风电产业创新政策的精准性、降低政策偏误性、促进风电企业创新发展等现实问题具有很高的借鉴作用，对其他行业和领域的创新政策制定具有较高参考价值。

最后，特别感谢国家自然科学基金面上项目（71874190）、教育部哲学社会科学研究后期资助项目（19JHQ090）、江苏省社会科学基金重点资助项目(21GLA003)和江苏省科技计划专项资金(创新支撑计划软科学研究)(BR2023016-4)对本书的支持，感谢中国矿业大学及相关工作人员为本书撰写提供的平台支撑和辅助性支持，同时也感谢我可爱的研究生们，感谢他们在文献梳理、数据整理以及资料收集等方面给予的支持和帮助，他们是邹鸿辉、蒋子浩、郑颖、潘公贺、陶子杨、曹群和付子怡等。

由于时间和作者学术水平的限制，书中难免存在疏漏，敬请读者批评指正。

作　者

2023 年 6 月

目　录

1 绪　论

1.1 选题背景

1.1.1 现实背景

改革开放以来，我国经济发展速度举世瞩目，但也造成我国能源耗竭与环境污染问题。为减缓气候变化、海洋酸化以及与碳排放相关的其他环境问题，能源等工业行业亟须卓有成效的转型[1-2]。因此，如何在确保经济可持续增长的同时，加快能源结构调整成为当前我国关注的重点之一[3]。为应对经济发展和环境治理的双重挑战，可再生能源领域作为具有代表性的新兴技术领域之一，对我国的生态友好且可持续的经济增长至关重要[4-7]。其中，相比太阳能、生物质能等，风能在技术、经济效益和开发潜能方面更具优势，引起国内外的广泛关注[8]。我国风能资源丰富、开发利用成本低，在可再生能源领域中占有重要地位。中美两国市场的抢装促使全球风电新增装机量再创历史新高，达到 93 GW。据国家能源局数据显示，我国风电累计装机于 2020 年底达到 281 GW，其中陆上风电 2.71 亿 kW、海上风电约 900 万 kW，这让中国成为名副其实的风电第一大国，是排名第二的美国的 2.3 倍，是整个欧洲的约 1.3 倍，如图 1-1 所示[9]。然而，目前我国风电产业发展也暴露出了严重的瓶颈问题，如企业创新程度相对较低、安装规模大和整合水平低之间冲突显著、关键技术和重大技术对外依赖程度高、并网滞后和风力削减现象严重等[10]。

创新作为颠覆性、前沿性原始技术突破的前奏，被大多数学术界和工业界人士认为是获得竞争优势、保持竞争力和增长的首要因素，也是目前我国风电企业突破产能过剩、核心技术缺乏等发展瓶颈，进而实现产业升级和跨越式发展的重要途径。在当前我国人口红利消失、要素投入驱动增长能力削弱的背景下，通过重大颠覆性、前沿性技术突破重构经济增长动力机制，是促进我国经济增长方式转变的根本途径[11]。新古典经济学指出，企业开展有效的社会创新活动需要政策的推动[12]。而以新能源产业为代表的战略性新兴产业是新兴技术与新兴产业深度融合并通过新兴技术重大变革驱动的产业，是国家创新发展战

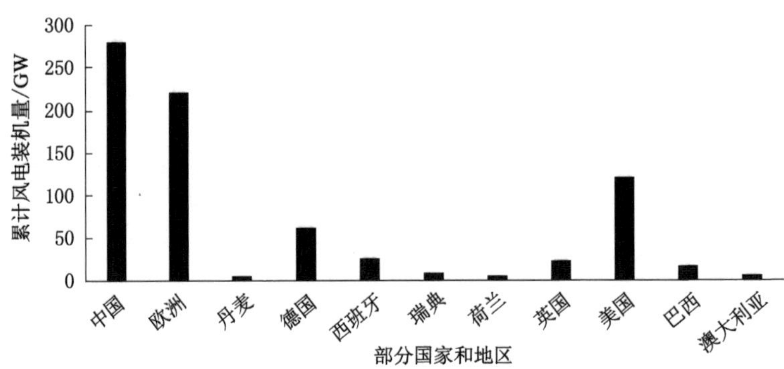

图 1-1 2020 年全球部分国家和地区累计风电装机量

略的重要支撑和技术创新的首要承载者，对国家经济发展、社会进步更具有全局和长远的引领带动作用[13]，因此战略性新兴产业更是国家科技创新政策的首要和重点倾斜对象。为此，我国中央政府在 1994—2020 年连续发布了 321 项风电产业创新政策（见图 1-2），主要涉及税收支持、金融支持、技术支持、并网支持及外商投资等方面[14]。一方面，我国政府希望通过制度改善环境来直接影响研发活动[15]，解决影响风电企业技术创新的外部因素[16]或信息性问题[15]；另一方面，我国政府通过出台政策发挥间接作用来向市场传递积极信号，刺激企业研发投资[17]。最终，我国政府寄希望于产业创新政策促进风电企业突破现有发展瓶颈进而获得企业后发优势，从而提升风电企业创新绩效[18]。在一系列配套政策的推动下，我国风电产业创新投入稳步提高[19]，2019 年风电产业研发投入强度达到 3.03%，相较于 2018 年风电产业研发投入强度同比增长约 8%。遗憾的是，风电产业创新政策实施效果发生了偏移而导致政策失灵——高额投入并未有效提升企业创新绩效，关键技术缺乏、核心零部件依靠进口等问题依然是我国风电企业面临的严峻压力[20]。

随着我国风电产业研发创新投入产出矛盾的日益凸显，风电产业创新政策有效性问题开始受到越来越多的关注。从学术角度看，风电产业创新政策有效性、传导路径、作用机理和作用对象、影响因素等问题是今后政策制定和执行效果评价的核心问题，也是未来提升风电产业创新政策靶向精准性的关键所在。从企业角度看，政策持续投入的低效运行与重大技术瓶颈无法突破的双重矛盾正成为以风电行业为代表的我国战略性新兴产业发挥技术追赶效应及实现颠覆性、前沿性技术弯道超车的最大障碍，亟须得到破解。

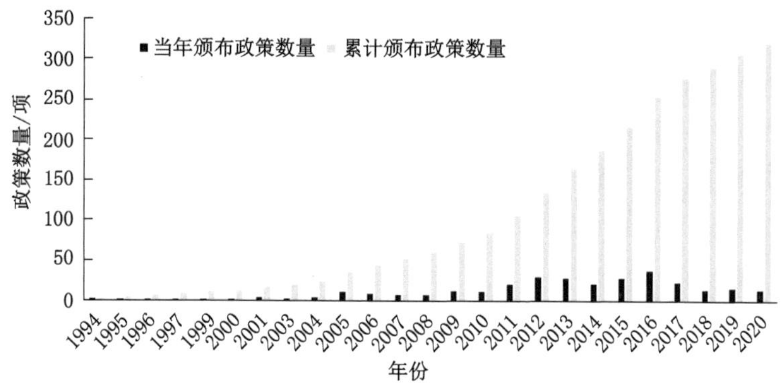

图 1-2　风电产业创新政策数量(1994—2020)

1.1.2　理论背景

产业创新政策的制定有各种目的，主要包括：第一，提升国家创新能力和社会生产力；第二，完善企业竞争环境和创新环境，并帮助企业获得技术竞争力以引领市场[21]。很多学者认为，由于信息不对称、金融市场缺陷和外部性等问题所造成的"市场失灵"会导致市场研发投入不足，不利于企业达到社会最优研发水平[22]。为克服市场失灵问题，政府出台一系列的产业政策，具体措施包括财政支持(税收优惠、财政贷款、政府补贴等)、信息供应、政府采购、教育和培训、注册和监管等[23-25]，有助于消除研发活动的负外部性，保障企业研发投入回报，强化企业创新行为[12]。

政府产业政策可以通过其作用于产业体系、消费者和公共服务需求来影响企业创新的步伐和方向，然而目前学术界关于产业政策的有效性一直存在争议[26]，2016 年底张维迎教授和林毅夫教授的"市场与政府之争"将这一问题推向高潮，引起学术界的空前关注。林毅夫与张维迎有关产业政策的争论，是政策有效性研究领域学派分歧的缩影。林毅夫强调加强政府在宏观经济领域的决策作用，并指出劳动生产率提高是现在经济得以发展的重要因素，而"有效市场"和"有为政府"又是提升生产效率的重要推力，从而实现技术创新质量和生产效率的持续提升[27]。"有为政府"是构建"有效市场"的重要前提，换言之，产业创新政策是保证企业技术升级，发挥技术追赶效应，实现颠覆性、前沿性技术弯道超车的前提条件。张维迎则从经济学范式角度指出信息不完全性和信息不对称性虽然会使得新古典范式中关于市场有效的假定无法实现，但正是因为信息不完全和信息不对称才导致了分工与专业化，从而证实市场机制的内生有效性，即产业政策是无效的。

从2017年开始，部分学者试图运用各种计量和统计方法来解决政策有效性问题[28-30]，遗憾的是学术界仍未就该问题得出统一结论，一些产业政策可能通过其作用于产业体系、消费者和公共服务需求来影响企业创新的步伐和方向，并有助于企业创新和经济繁荣有效促进技术创新，而其他政策可能是无效的甚至是破坏性的[31]。即有些学者认为产业创新政策在不同程度上对企业创新绩效具有正向作用，例如：Zhao等[32]基于社会转型角度，建立风电利基模型（wind power niche mode）研究风电产业价格政策的有效性，实证结果表明风电产业价格政策对风电产业发展具有显著正向作用；Costantini等[33]研究表明混合型政策工具（如需求拉动与技术推进相平衡的政策组合）可以有效壮大创新生态系统，进而对技术创新主体创新绩效起显著正效应；徐喆等[34]从综合性和一致性角度研究得出政策组合提升创新绩效的有效性；Andriosopoulos等[35]指出基于独立而理性标准的公共政策是促进法国能源体系转型的关键，混乱或模糊的公共政策对能源结构转变呈非线性影响；康志勇[36]借助匹配模型证实我国的政府补贴政策对专利质量提升有短暂促进作用；余明桂等[37]通过引入技术变量对创新政策绩效进行测度，实证结果表明创新政策对高技术产业创新绩效提升具有显著影响，但政策目标、政策工具及其组合应根据高技术产业发展状况调整。朱金生等[38]指出企业从事创新活动都无可避免地会受到资金不足和知识溢出等问题的影响，各国政府采取积极行动制定创新补贴政策有助于促进创新要素的有效配置与纠正市场失灵。Hu等[39]以2012年中国政府颁布的“绿色信贷指导准则”政策作为一项准自然实验，研究绿色信贷政策对高污染企业绿色技术创新的影响，结果表明绿色信贷政策可以通过缓解信贷约束促进高污染企业的技术创新，进而加速新兴经济体实现绿色转型。而另一部分学者研究表明：不当的政策实施有可能会导致政策无效甚至起到负面作用，最终导致市场、政府双失灵[28-29]。江飞涛等[40]研究指出，我国政府实施的以直接干预市场、替代市场与限制竞争为特征的选择性产业政策已经成为产业结构调整与转型升级的突出障碍；Montmartin等[41]引入了政府补贴方式和补贴率两个控制变量，验证了政府直接补贴和间接补贴都会对企业R&D投入产生“挤出”效应；Rahman等[42]指出政府在政治逻辑主导下的逆向选择往往导致“政府失灵”，创新政策的非持续性会抑制企业创新积极性。Lin等[43]采用超对数生产函数随机前沿模型，利用2012—2018年风电上市企业数据，分析政府补贴和企业特征两方面因素对企业创新效率的影响，研究结果表明，政府补贴与创新效率之间存在正“U”形关系，在达到拐点前可以缩减政府补贴以提高创新效率，股权集中度和财务杠杆效应对企业创新效率无显著影响，但当公司具有较强盈利能力且员工素质较高时可以显著促进企业创新效率提升。Yu 等[44]以风电行业为研究对象，考察上网电价补贴政策对 2000—2013 年期间中国风电产业资源错配的影响，结果发现 2009 年中国政府实施的上网电价补贴政策加剧了风电行业资源错配问题，导致大量资源堆积，造成资源浪费。

最新研究指出政策有效性剖析应基于创新系统（innovation system，IS）框架将微观企业选择和宏观政策工具改良的综合视角，分析主体与系统的社会-政策关系[45-47]。创新系统是 20 世纪 80 年代中期在欧洲产业政策辩论背景下所提出的政策概念。在这之后，又进行了国家、产业和技术等多层面的分类[48]，尽管边界不同，但创新过程、溢出效应、主体行为、互动和政策等研究内容基本一致。创新系统可揭示创新系统动态演化的潜在驱动力和改善政策建议的实际意义。这一框架强调遵循着眼于创新系统的结构、不同背景主体之间的联系，然后评估如何使得某些功能得以实现。这些学者通常强调创新系统的动态性、复杂性、相互依赖性和变革性，并基于政策组合一致性或协同性视角，探究多个层级间不同主体或政策系统不同环节（如政策制定、组合政策、政策产出）的互动影响。Tu 等[49]建立局部均衡模型，以电网公司、化石燃料电力生产商和可再生能源电力生产商为研究对象，探讨定价政策与补贴政策及二者组合的有效性问题。研究表明，定价政策和补贴政策间存在政策互动效应：收紧碳排放上限，定价政策和补贴政策将产生协同效应，刺激企业开展低碳研发；而缺乏协同性视野的定价政策可能抑制碳减排行为和低碳技术的研发投入。Kivimaa 等[46]从多层次视角，综合考量宏观社会环境（宏观经济和宏观政治趋势、重大环境变化、人口趋势等）、政治制度（社会技术的深层结构）、利基，研究及发展各种技术的社会创新的空间三维度，探究政策制定、自发组合和产出间的相关关系，分析政策特征对政策最终产出的贡献及作用机制。在此基础上，Scordato 等[48]进一步将时间和政策发布主体及发布内容差异纳入考量，自上而下研究政策组合在技术创新环节加快可持续转型的有效程度，进而确定政策组合有效性及作用大小。Magro 等[47]分别构建了单一政府-受益者、单一政府-多重政策制定者-受益者、多重政策制定者-多重利益相关者三种分析模型，探讨了政策制定者与实际创新活动承载者之间的互动关系（刺激-评估）。

然而，尽管这种方法很有意义，但其根本缺陷在于忽视创新以及技术变迁的驱动因素，对主体和机构如何参与和影响这些转变提供的信息较少，同时该方法缺乏明确的理论基础。此外，虽然这一框架通过合法性特征将政策因素纳入考量，但显然未充分考虑政策的驱动作用。最重要的是，削弱了制度政策建议：以往的建议往往过于简化，原因在于他们忽视了政策对于技术创新系统运行的影响[50-51]，而只是基于特定案例的现行政策。综上而言，创新系统方法仅仅是一种诊断方法，而不是一种解释方法。创新系统的分析被证明是一个强力的启发式工具，可以识别政策干预的出发点，探明技术研发、扩散成功和失败的原因。然而，由于创新系统研究的重点是分析社会技术系统整体[52]，而不是政策作用过程的细节，我们缺乏足够的知识如何应对政策出现系统性失衡，以及它们如何与系统共同演化[53]。风电等可再生能源的发展不能仅仅着眼于技术创新本身，原因在于产业创新系统的演变需要制度安排、政策、产业链中不同的主体，以及能源的生产和消费系统。创新系统方法在科学、技术和创新研究领域具有重要的影响，从 19 世纪 80 年代开始于弗里曼(Freeman)的开创性研究，其他研究者开始关注国家创新系统以比较和解释不同国家的创新和经济绩效。采取系统研究方法的部分原因是对创新的线性模型和创新过程实证研究方法的扬弃。创新系统的研究开始分为企业创新系统以及技术创新系统，不同之处在于对系统的界定。关于创新系统的研究，多采用功能分析方法[54-55]。近年来，这一研究成果日益丰富，许多研究在这一框架下采取实证分析方法分析绿色能源或者低碳技术[56]。在技术变革领域内，这些研究有助于理解不同企业的技术衍生过程。尽管这种方法很有意义，但是其根本的缺陷在于忽视了创新以及技术变迁的驱动因素，比如某项功能实现的过程。近年来也有许多可再生能源的实证研究，这些研究中经常通过事件历史分析进行计数，以确定一个特定功能的强度，以及它如何随着时间的推移而演变，很好地解释了事件变迁的全貌，但是对于主体、机构如何参与和影响这些转变，提供的信息却很少。技术创新系统的弱点在于不同功能之间的关系以及这些不同功能之间相互作用会产生什么样的结果，因此，可以推测技术创新系统方法仅仅是一种诊断方法，而不是一种解释方法。技术转变源于社会技术系统中的主体（企业、政策制定者）、系统（包括正式的和非正式的）、技术（知识和技能）以及制度（正式、价值观和规则）等要素的共同作用，而鉴于政策规制决定创新系统的标准、理念和规则[57]，政策制定者更应该遵循系统性的方法制定政策以促进技术变革。

纵观上述研究结论，风电产业在发展中解决遇到的问题和寻找出路都离不开相关政策的支持。从企业创新发展实际看：一方面，企业家在创新过程中无疑会承担巨大的经济风险，需要政府运用资金补贴或专利保护等举措为其提供政策激励，以降低风险溢价造成的不利影响；另一方面，在产业交替升级过程中政府也需要不断巩固基础设施和完善制度建设，尤其是优化基础科学研发投入，从而实现有限资源的效用最大化，引导企业家提高技术创新和产业结构优化,促进经济的快速发展。然而,许多发展中国家倾向于实施产业政策,反而遭遇了经济“滑铁卢”——政策持续投入的低效运行与重大技术瓶颈无法突破的双重矛盾正成为我国发展战略性新兴产业、发挥技术追赶效应、实现颠覆性和前沿性技术弯道超车的最大障碍,亟须学术研究的理论破解。然而,学术界关于产业政策有效性的争议不断,随着研究的深入,越来越多的学者认为产业政策是否必要并不是问题,产业政策的施政选择才是关键[28-29,58-59]。产业创新政策效果评价亦不是一个简单的“是和否”的问题[58,60],其有效性依赖于一定的系统性条件;政策能否发挥积极作用受诸多因素影响,取决于在怎样的技术系统内、在什么研发情境下、针对什么创新目标、选择什么产业政策方案,因此产业政策的有效性其实质是产业政策的适用性问题,但在不同研究视角下如何设计政策方案?有效性受何种因素影响?如何提高政策的精准性和运行效率?以上问题尚未发现研究成果,还需从实证角度深入探讨。因此,产业创新政策的科学测度、作用机制分析、传导机理刻画、组合方案设计以及政策环境系统剖析等问题成为当下我国经济换挡、创新强国建设攻坚阶段最重要的理论课题,也是未来学术研究的重点[12,59,61]。

1.2　研究目标

本成果的最终目标是在明晰我国风电产业创新政策扩散路径、影响因素及其对企业创新绩效作用机制的基础上,探索有利于我国风电企业创新绩效提升的政策作用靶点和政策组合方式,以提高我国风电产业创新政策作用效果。具体目标如下:

(1) 剖析我国风电产业现行创新政策体系;

(2) 评估我国风电产业创新政策作用效果,并识别政策效果影响因素;

(3) 探索风电产业创新政策宏观扩散作用机理和路径,及其对企业创新绩效作用机制:理论模型、作用过程及关键渗透路径;

(4) 提出有利于风电产业创新绩效提升的政策靶点及科学的创新政策组合方式。

1.3　研究意义

1.3.1　理论意义

目前关于风电产业政策效果问题的研究争议不断,学者们主要进行了不同国家和地区间政策工具的比较[62-65];同时对风电产业的创新政策绩效定量研究比较笼统繁杂，缺乏科学的研究逻辑、分析框架，迄今为止，政策研究的理论体系和政策评估方法尚未达成共识，均有待进一步探究。目前，多数学者使用经济学的研究视角和研究方法来评估创新政策，但是如何将创新测度与公共政策评估相结合来评价创新政策是当前理论研究较为薄弱的地方。对影响创新政策制定和执行过程因素的分析需要进一步深化；关于创新政策对微观主体的作用效果及其作用机制尚缺乏细致分析[61]。由此，本成果的开展和完成对于当前产业创新政策尤其是风电产业创新政策效果评价的理论研究具有重要意义，具体如下：

(1) 本成果从政策战略性质(strategy,S)、政策发布内容(contents,C)、政策发布形式(outlook,O)、政策力度(power,P)和政策发布主体(authorities,A)五个维度构建的S-COPA政策效果分析框架突破了现有“供给—环境—需求”“强制—信息—自愿”等政策分析范式过于宏观而无法给出更具操作性指导建议的局限，为我国风电产业政策效果分析提供了新的理论研究范式；同时也为我国公共政策效果的分析评价提供了理论逻辑模型和分析框架，弥补了这一领域的不足。

(2) 将政策体系的形成过程纳入政策作用过程剖析，从政策的扩散传导视角剖析风电产业创新政策对企业创新绩效作用过程，在此基础上构建的作用机理理论模型对于厘清我国风电产业创新政策作用路径、识别关键影响因素并进一步揭示政策效果“黑箱”具有重要意义。同时，对于我国其他领域公共政策效果“黑箱”问题的理论解释同样具有重要参考价值。

(3) 现有风电产业创新政策有效性研究由单一政策效果评价进一步扩展到多项政策组合效果探究，并分别基于创新系统框架或外部创新环境系统将微观企业选择和宏观政策工具改良两个视角结合起来，分析创新主体技术创新活动与创新系统或环境系统的相关关系[47,64,66]。但以上仅限于政策组合效果的简单机械化分析，其有效性研究仍然缺乏统一的研究范式和分析框架[67-68]。而政策作用阶段的靶点识别及政策组合方案的设计将现有政策效果的单变量研究进一步拓展至复合视角的多变量政策组合效果研究，因此研究结论更具理论指导意义；同时政策靶点及政策组合效果的研究思路、方案和技术手段对于其他行业和领域相关问题研究同样具有理论参考价值。

1.3.2 实践意义

在我国风电产业规模世界领先、政府大力支持的同时，风电产业的发展暴露出严重的瓶颈问题，主要表现为：我国风电产业创新程度相对较低，风电设备关键技术缺乏，关键技术和重大技术对外依赖程度较高，风电设备制造商对产品质量控制力低下,属于风电产业价值链的低端;风电场建设和运行管理混乱,电网建设落后和"弃风"现象严重[69-70]。一方面是不断扩大的运营规模和政府政策的持续投入,另一方面是产业发展难以突破现有技术和创新瓶颈,这种日益突出的矛盾引发了越来越多学者的关注和质疑,如何分析现有风电产业创新政策体系、提升政策效果是理论界迫切需要解决的问题,也是今后政策制定和执行的核心问题,同时也是未来提升风电产业政策靶向精准性的关键所在。

本成果基于多维度剖析我国风电产业创新政策对企业创新绩效作用全过程,以期解释产业创新政策"黑箱"问题;为我国风电产业创新政策效果的科学评价、政策作用靶点识别以及未来创新政策的制定、完善和执行提供参考,同时为其他行业和领域的政策效果评价及政策靶点选择问题提供参考,具体如下:

(1) 我国风电产业发展历史较短,创新政策体系正处于逐步完善和调整过程中,完善和构建科学的创新政策体系是提升我国风电产业政策效果、突破风电产业创新发展瓶颈的当务之急。本成果基于企业内部技术创新阶段划分的研究思路识别出的政策靶点,对于提升我国风电产业创新政策的靶向精准性具有直接影响;围绕政策靶点设计的创新政策组合方案对于突破风电产业发展瓶颈、促进风电企业创新绩效的提升具有重要现实意义。

(2) 基于政策战略性质、政策发布内容、政策发布主体、政策发布形式和政策力度构建的 S-COPA 政策效果分析框架,从有用性和有效性两个方面评估产业创新政策绩效,有利于我国政策制定部门构建科学的政策评估体系和延长政策效果,如创新政策评估机制、组织协调机制、督查机制以及政策评估反馈机制等。S-COPA 政策效果分析框架的设计、政策靶点的选择和政策组合方案的筛选等研究思路及成果不仅适用于风电产业,同时也可以为其他行业和领域的创新政策长效评估机制的构建提供借鉴。

(3) 关键影响因素识别、作用机理的解析有利于控制政策执行中的不利环境因素,降低政策执行成本、风险及重大政策失误率,促进风电产业创新绩效的提升。

1.4 技术路线

本书技术路线如图 1-3 所示。

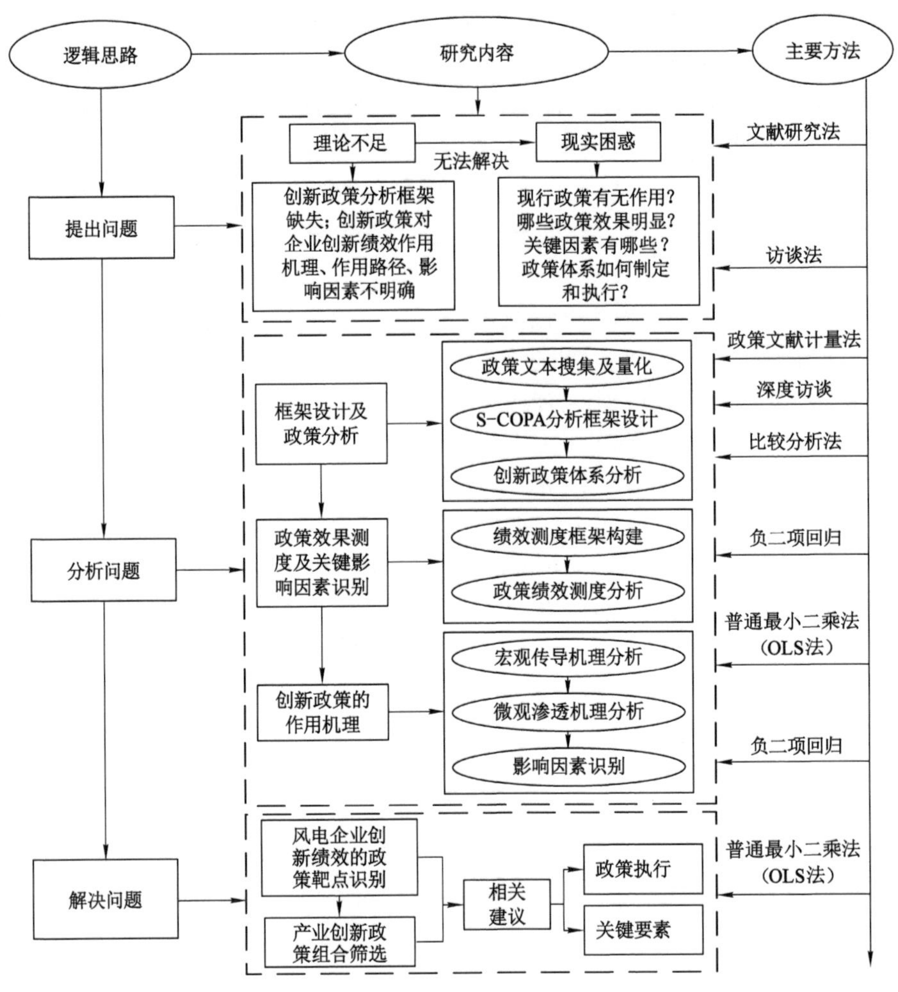

图 1-3　技术路线图

1.5　可能的创新点

(1) 基于政策战略性质、政策发布内容、政策发布形式、政策力度以及政策发布主体维度构建的风电产业创新政策 S-COPA 分析框架，突破了现有研究只关注政策发布内容本身的局限，将政策发布主体及政策发布方式等一揽子政策要素纳入政策分析框架的构建，为后续政策效果研究提供了新的思路。

目前风电产业创新政策的研究刚刚起步，尚未形成科学有效的政策分析框架和政策效果研究方法。少数学者运用“供给面—环境面—需求面”三维度分析，但是此范式下的政策效果评估一方面因为政策类型划分过于宽泛而难以落地实施，另一方面这种以政策发布内容为主的单一分析方式，忽视了政策发布主体特征及政策推出方式对政策传导效率和作用效果的影响，因此研究结论往往具有一定的片面性。

本成果将政策战略性质（战略型 S_1、战术型 S_2）引入政策分析框架研究中，从政策发布内容、政策发布形式、政策力度、政策发布主体等方面构建我国风电产业政策体系分析框架，即 S-COPA 分析框架，从国家/地方、发布/执行以及历史演进三个视角对我国现行风电产业创新政策体系进行多角度分析，弥补了现有研究过于宏观的不足，细化了政策分析框架的相关研究。具体研究思路如图 1-4 所示。

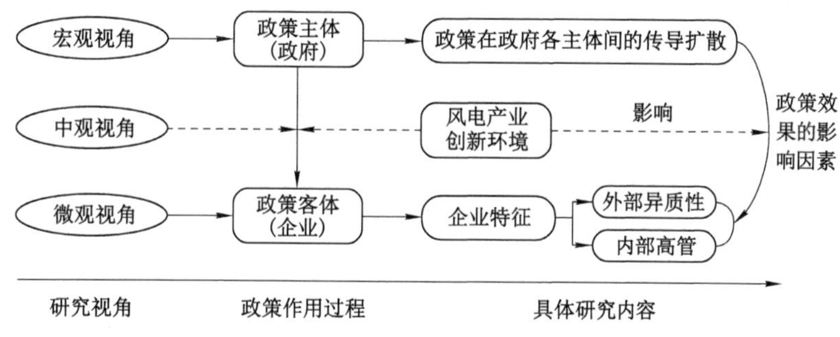

图 1-4　三重视角的风电产业创新政策效果及影响因素研究思路图

（2）将政策体系的形成过程纳入政策作用过程剖析，将研究视角从政策内容这一单一视角扩展至“政策主体、政策客体以及主客体作用关系的环境系统”三维视角，采用先分后总的研究方式，在对政策的宏观扩散路径解析基础上，将区域创新环境和企业异质性特征纳入政策作用效果及其影响因素的研究过程，从理论上揭示政策效果“黑箱”问题。

风电产业创新政策对企业创新绩效的作用机理研究对于厘清我国风电产业创新政策的作用路径、影响因素进而揭示政策效果“黑箱”问题具有重要意义，也是后续政策组合设计的基础。从系统论角度，产业创新政策的有效性不仅受政策发布内容本身的影响，政策发布主体（即相关部门对政策的制定和出台方式）、政策客体（即微观企业的异质性特征）及政策主客体发生作用关系的产业区域创新环境都对政策有效性具有显著影响。现有相关研究大多基于单一微观变量，系统性、整体化全过程剖析的研究成果并不多见，不足以解释我国风电产业创新政策效果的“黑箱”问题。基于此，本成果从“宏观—中观—微观”三个层面解析政策作用过程，详细剖析我国风电产业创新政策从政策制定主体

(各级政府部门)到政策对象(各类型企业)的作用过程，从而梳理出影响我国风电产业创新政策作用效果的关键要素。

其中，宏观传导方面传统政策扩散理论更多关注的是同一创新政策在不同政府主体间的扩散和传导，本书将不同战略性质的政策在不同层级、不同主体的扩散及在此基础上的衍生扩散纳入研究体系，而这一过程实则为政策体系形成过程，即政策宏观扩散过程。风电产业创新政策宏观扩散过程如图 1-5 所示。

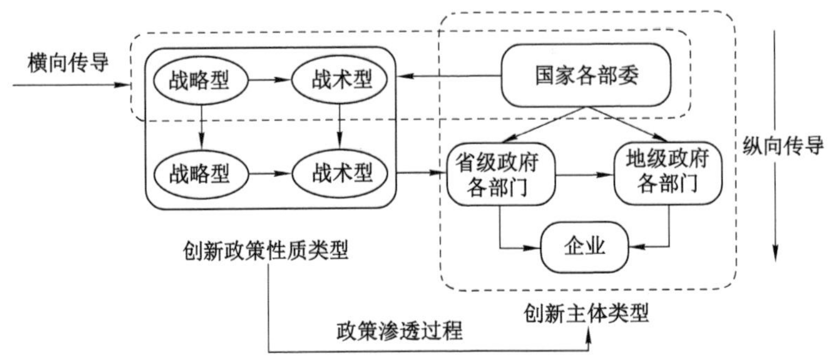

图 1-5 风电产业创新政策宏观扩散过程图

(3) 政策靶点的识别及在此基础上的政策组合有效性研究，将现有政策效果的单变量研究进一步拓展至复合视角的多变量政策组合效果研究，研究结论更具理论指导意义。

国家创新政策发挥的作用不是单个政策工具的作用结果，而是依赖于一个科学的政策体系和既定条件下的合理政策组合方案的共同作用，因此政策靶点的选择以及在此基础上的政策组合设计是改善政策实施效果、提升企业创新绩效的关键。现有政策效果研究分别独立地从微观和宏观视角剖析了创新政策组合有效性，但这种人为割裂政策传导渗透过程为微观和宏观两部分的研究方式缺乏对从政策组合"笼统影响技术创新系统整体"到"具体影响技术创新系统内部各环节"这一从宏观渗透至微观的复杂过程的细致剖析，容易导致创新政策组合效果评价和政策作用靶点识别有失偏颇，不利于政府有关部门行之有效地制定针对技术创新不同阶段内症结的政策组合，以改善风电企业创新绩效。而进一步加强对政策不同作用阶段内的靶点识别及在此基础上的政策组合方案的设计，将现有政策效果的单变量研究进一步拓展至复合视角的多变量政策组合效果研究，研究结论和政策组合方案设计更具理论和现实指导意义；同时政策靶点及政策组合效果的研究思路、方案和技术手段对于其他行业和领域相关问题研究同样具有理论参考价值。

2 理论基础与文献综述

2.1 创新理论

2.1.1 技术创新理论

熊彼特[71]在《经济发展理论——对于利润、资本、信贷、信息和经济周期的考察》一书中首先提出“创新”一词，他将“建立新的生产函数”视为创新，即将前所未有的生产要素、条件、方法或者其“新组合”纳入生产体系，从而变革生产方式，创造一种全新生产能力。该理论强调经济增长的核心动力是创新，经济能够不断发展的原因在于不断地注入创新，并进一步研究和揭示技术创新对经济增长的推动过程及路径分别为实现工业新组织、掌控原材料新来源、创新产品、技术以及挖掘新市场[72-73]。由此技术创新理论正式进入大家视野。

之后，各经济学派开始逐渐重视技术创新作用并将其与经济发展相结合。在新古典经济学中，索洛模型将技术创新作为外生变量引入传统经济增长模型中，探讨技术创新与经济发展二者的关系，但索洛模型忽略了技术创新对经济增长的关键作用，导致其无法从根本上完全解释何为经济发展的真正源泉和动力。而在新经济增长理论下，内生经济增长理论将技术创新和人力资本等因素置于生产函数内部进行讨论[74-75]，技术创新的重要性在此得到了充分重视和体现。

基于阿罗的“干中学”模型，罗默提出增长模型并讨论了知识技术如何内化。罗默假设：技术创新、资本、劳动力、人力资本是促进经济增长的四类关键要素投入[76]。其中：劳动力是指无相应技能的非熟练劳动力；人力资本则是指具有相应熟练技能的劳动力，是劳动力与知识经验的结合；技术创新则是创新行为导致的结果，从而将知识分别以人力资本和技术创新两种形式引入模型。由于知识技术的内生化，该模型指明若要使经济获得长期增长，仅增加资本和劳动力的投入是不够的，还需要增加知识投入，促进人力资本提升以及技术进步。同时，罗默认为知识的收益递增效应可以促进企业和社会的效益都随之增加，加上知识往往伴随“外部性”，导致企业创新成果易被“后来者”模仿等问题，进而严重降低企业创新的积极性。

这种“外部性”将外部经济概念和技术创新理论完美融合。19 世纪 90 年代，马歇尔首次提出外部经济(external economies)，其会导致技术创新活动低于最优水平，技术创新的数量与规模都偏离理想状态，使其难以实现帕累托最优。换一句话说，技术创新活动的外部性特点会导致创新过程存在“市场失灵”的问题，虽然创新先行者可以在短期内通过专利保护等手段垄断市场获得巨额收益，但并不能阻止后来者通过模仿进而瓜分市场需求，极大损害技术创新先行者的既得利益，影响其创新积极性[77-78]。但是，从另一个角度出发，技术创新的外部性对整体社会而言存在益处，能够提升社会的整体创新水平并带动整体经济[79-81]。

由此，在技术创新和经济发展中就需要一种平衡手段，既能够有效弥补创新企业的收益损失以保证其创新的积极性和主动性，又能够维持外部性为经济社会带来的创新收益。Arrow[82]认为，这种平衡手段就是由政府以出台政策等方式对技术创新市场进行干预，对产生正外部性的创新者给予一定的奖励和补贴，同时对造成负外部性的当事人给予一定处罚，如征收税款等，以此遏制市场失灵，最大程度上保证市场机制的自主调节作用，促使改善资源配置结构，进而推动企业技术创新。

2.1.2 国家创新系统理论

如技术创新理论所述，早期的技术创新研究将政府因素作为外生变量排除在外，如熊彼特提出的创新概念。直至 20 世纪 80 年代中后期，Romer、库姆斯、Barro 等[83-85]开始重视政府因素对技术创新的重要性，并指出从事科技工作的大多数领域实际上受到高度控制和计划。

国家创新系统(national system of innovation)这个概念由 Freeman 首次提出，将政府管理部门纳入技术创新中并进行系统研究。Freeman 把国家创新体系界定为“由公、私部门中各种组织部门构成的网络，这些机构之间的交流互鉴大大促进了新技术的自主创新、引进和传播”，也就是说一个国家的经济增长和弯道超车不能只依靠市场经济自主调节，还要依靠政府这只“看不见的手”对市场进行有效干预来优化资源配置结构，以此刺激和促进企业创新[86]。国家创新系统具有系统性、多元性、学习性、动态性、环境制约性、边界性、相异性及开放性等特点。它的重要意义在于，能使一国在有限的资源环境下有效配置资源并获得经济的快速发展。

经济合作与发展组织(OECD)负责起草的《国家创新体系》认为，创造知识大系统内部的各个创新主体彼此间发生何种相互作用以及如何发生相互作用，在相当程度上决定了一个国家的整体创新能力,以上主体主要包括公司、大学、研究机构、政府部门和中介机构。政府在整个国家创新系统中主要起促进作用,其颁布的一系列政策措施主要通过三方面干预创新系统:其一,直接作用于研究机构、大学以及企业[59];其二,通过对大学、研究机构的科研投入,间接作用于企业[87];其三,作为促进产、学、研一体化的重要推动力[88]。政府通过创新政策的实施积极引导企业的研发活动,是国家创新系统中的一个重要机制和环节,尤其是在企业创新绩效较低和对基础性研究投入相对匮乏时,便要发挥政府管理部门应有的作用,积极主动鼓励企业从事研发活动,从而提升国家创新能力,使创新系统形成良性发展。

2.1.3 区域创新系统理论

国家创新系统理论往往重视国家范围的创新活动,而遗漏了比国家层面低一级的区域经济,因此导致其不能满足区域经济发展的需要。相对于国家创新系统,区域创新系统是一个新兴概念,Cooke、Lambooy、Asheim、Su、Zhao、Hajek、Grafström 等[89,95]一致认为区域创新系统主要包括在一定区域范围内生产与相互分工相关联的企业、高等院校、金融与科研机构、中介机构以及行业组织等,这些组织机构产生并支持创新,最终形成区域性创新组织,并明确了区域创新系统的地域性、网络性及创新主体的多元性特征。Doloreux[96]认为区域创新系统的功能是依据体制制度和组织的安排以及和谐的人际关系促进知识的生产、传播和利用。Gaisha[97]则进一步强调区域创新系统中,具有嵌入性的制度框架所支撑的行动者网络中的互动学习和参与过程。

国内学者强调,区域创新系统是企业、高等院校、科研机构、中介服务机构和地方政府等关键社会要素构成的集知识创造、技术转移和商业转化等功能为一体的创新网络体系[98-101]。区域创新系统的核心功能在于引入新生的经济发展要素或原有要素的重新组合,促使系统内的创新主体和相关部门之间相互作用,形成推动该创新系统自发运行和发展的机制[102];推动更高效的、全新的资源配置方式产生,以更高效率、更高质量对区域内经济资源加以利用,从而推动区域创新能力的提升[103]。

Todtling 等[104]从治理维度和企业创新维度出发对区域创新系统进行细致分类。从治理维度出发,区域创新系统划分为统治型、网络型和基层型区域创新系统;从企业创新维度出发,区域创新系统划分为全球型、互动型以及本地型区域创新系统。区域创新系统的核心是经济创新,不仅仅依靠科研机构和企业单位,还依靠这些组织机构间的相互关系和对基础知识的利用程度,更取决于组织所在区域的整体社会文化环境。

2.1.4 开放式创新理论

随着技术发展的加快、企业所处生存环境的改变、新兴产业不断兴起，国际间、部分地区间的竞争日渐激烈，同时产品结构越发复杂，创新成本和创新风险日益增加，企业间边界越发不清晰，新的企业创新情形已然出现，以往的企业内部封闭式创新已经不再适用于当今企业，企业不得不向外寻找资源[105]。企业可以通过出售技术、技术授权获取外部资源的开放式创新，增强企业竞争优势[106]。Chesbrough[107]首先提出了开放式创新的定义。他认为开放式创新能够通过积极调整组织内外部创新资源配置、充分利用创新资源来形成新理念，并且通过战略联合和创新协作等方式为科研创新活动提供一种全新范式。简单地说，开放式创新就企业创新平台而言不再仅局限于内部，而是内、外部创新资源的共同整合。企业不再只从组织内部获取创新资源和创新思想，还可以通过委托研发、研发合作、技术引进和转移等方式来获取所需各种创新资源。从事创新活动能够获得各种有利于技术创新的技术和知识，并且还能够通过改善组织内、外部创新资源配置来促进企业创新绩效的提升。

细分企业创新的演化阶段可以发现，开放式创新逐渐成为企业创新的主流形式。20 世纪 50 至 60 年代的创新是技术推动创新，全新的技术会为企业带来全新的市场需求，因此企业为获得更大的市场占有率，遵循基础研究、应用研究与制造、商品化这一过程，投入新的技术开发；20 世纪 60 年代末期的创新是需求拉动创新，虽然新产品层出不穷，但企业的注意力转移到如何充分利用现有的科学技术扩大规模并占有更多的市场份额，最终逐渐注重发挥市场的积极作用；20 世纪 60 年代中至 70 年代早期的创新是联合模型创新，开始强调在需求和供给之间各要素的交互作用和关联性，将驱动创新决策的推拉、拉动因素相互结合；20 世纪 80 至 90 年代的创新是整合模型创新，开始重视环境变动产生的效应，并针对这一效应进行系统整合，企业认识到创新需要联合企业内不同部门开展，各种创新要素应该具有平行与整合发展的特征；随后，Rothwell[108]认为企业不仅要重视内部资源的有效整合，更应该根据环境的变动与竞争企业建立良好的合作关系，其可通过战略联盟或者联合研发的创新形式来降低企业的创新成本，由此开放式创新模型出现。

随着学术界对开放式创新研究的不断深入，学者们的研究兴趣慢慢转向利用有针对性的技术与知识引进和流出来促进组织内部创新，并且逐步扩大外部创新市场[109]。在技术公司的背景下，West 等[110]强调系统激励和广泛探索创新系统内部和外部创新资源，有意识地将研发活动与公司能力和资源相结合，并通过多种渠道广泛利用这些机会。最新研究开始关注开放式创新系统的创新绩效评估，Zhao 等[111]对开放式创新的定义进行界定，并确定了影响开放式创新的关键因素，如公司的战略、技术技能和吸纳能力、文化甚至公司的生态系统。Greco 等[112]指出"如果企业从类似的开放式创新投入中获得更好的创新产出，那么它的开放式创新方法比其他方式更有效"。Lopes 等[113]认为开放式创新能够从财务和创新绩效两个角度来衡量。首先，客观财务业绩指标[114]包括营业额[115]、销售增长、ROA(资产回报率)[116]、ROI(投资回报率)[117]和 ROS(销售回报率)[118]等；其次，衡量绩效的另一种形式是使用一些创新指标，如通过合作进行研发[119]、研发支出[120]、内部研发与外包研发[119]、研发强度[121]、从事研发的员工人数[122]，以及研发成本的降低[123]；与此同时，与新产品相关的方面也被用作创新绩效的指标，例如新产品的成本和销售[124]、服务成功和服务创新相关新产品开发[117]、开发和商业化的新产品数量[125]，以及新产品开发的速度[124]。

2.2 失灵理论

2.2.1 市场失灵理论

市场失灵理论(market failure theory)最早出现在《市场失灵分析》一书中，该书由美国经济学家弗朗西斯・M. 巴托于 1958 年出版。

资本主义市场早期曾严重依赖市场机制本身的功能，放任市场自由调整，认为市场依靠自身的机制能够达到社会整体供需平衡，从而最优化资源配置，不建议政府干预市场活动。但经过长期实践证明，高度自由的市场经济机制并不是万能的，市场经济的不完美逐渐被学者们所接受。一方面，市场经济本身具有一定的自限性，市场经济活动仅仅是人类众多社会活动中的一种，市场不是万能的，经济社会中的所有问题不可能都由市场解决；另一方面，由于其他因素的干扰，不能时刻保证市场机制调节作用的正常发挥，导致资源配置效率低下。例如：自由竞争市场不可能完全避免垄断的产生，垄断会抑制市场机制正常发挥作用，并且会进一步抑制企业创新；个人在追求私人利益最大化过程中，不同意在公共服务和产品领域进行投资，从而导致市场上对公共产品和服务的需求不能够被有效满足，进而导致社会资源不能够被高效利用[126]；资本贪婪地追逐利润，肆无忌惮地污染环境和夺取资源[127]；完全自由竞争的市场环境还将导致贫富差距快速拉大，不利于社会公平，造成社会总福利水平逐渐下降，在这种情形下社会矛盾将越发凸显[128]。这种由于某些局限性和干扰而影响社会发展目标的实现和导致市场经济中资源配置效率低下的情况，加之 1929—1933 年的经济危机，促使大家开始反思完全自由的市场经济所存在的缺陷，从而提出“市场失灵”理论，即完全自由的市场经济在多方面存在失灵问题，如稳定、公平以及效率等方面[129]。

传统意义上的市场失灵理论认为，最优的市场资源配置结构是由完全竞争市场所决定的，但在现实社会中，完全竞争的市场产生条件极为苛刻，现实中不可能同时具备所有这些条件，因此完全竞争市场是不存在的，它只是理论上一种理想化的假设。如果只依靠价格机制是无法实现资源配置的帕累托效率最优的，即在给定的要素价格下，无论如何重新配置要素资源都不能促使产量提升，或者在一定收入分配情形下，任何二次分配措施都不能够使他人情况不变坏的情况下而使一个人的情况变好，那么此时经济就处于一种效率最佳的运行状态，即市场失灵现象产生[130]。

现代市场失灵理论认为诸如关于经济稳定可持续和社会公平的问题依靠市场机制是无法解决的，这就需要政府管理部门出面干预，从而大大扩大了政府的调控边界。从政府调控的范围不断扩大能够看出国家越来越重视政府在市场经济中所起的作用，同时也必须加强对政府行为的监管力度，从而提升政府管理和执行效率[131]。

市场失灵理论的主要内容如下：

(1) 市场的不完全。竞争使得市场不断繁荣，充分且有效的市场竞争能够使市场更具效率。然而，市场长期的自由竞争容易引发垄断的产生，垄断将阻碍创新、减少消费者的福利，而且还将降低市场效率和抑制竞争。

(2) 市场的不普遍。市场通过价格机制发挥其配置资源的功能，凡是价格机制不存在之处，都是市场不普遍之处，因此也就无法充分发挥市场对资源的配置功能。譬如，由于缺乏价格机制导致环境保护和自然资源领域产品价格低廉甚至无价，因此没有将经济发展进程中的环境与资源代价纳入利润计算的范围，从而导致滥用资源和破坏环境。

(3) 信息不对称。完全竞争市场之所以能够实现帕累托最优，是因为在完全竞争市场中假设信息是完全的，即市场交易各方在进行产品交易时都拥有充分且完备的信息。然而，实际情况并非如此。在现实交易中，交易各方不可能获取关于交易的所有信息，因此所掌握的信息是不完全的，而这种信息的不完全性往往表现为信息的不对称。信息不对称是指交易过程中，一方比其他交易方能够获取更多的信息。信息不对称还会产生道德风险与逆向选择等问题。

(4) 外部性问题。外部性是指某些个人或企业的某种经济行为给其他人或企业带来了好处或坏处，却没有为之承担相应的成本费用或没有获得相应的报酬的现象。或者说,外部性就是未在价格中得以反映的经济交易成本或效益。

(5) 公共产品。非竞争性与非排他性是公共产品的显著特点。公共产品的这两种特性使得个人不支持公共产品的生产和供给,人们从自身利益出发,总希望自己是公共产品的获得者而不是提供者。由此可以看出,市场机制很难在公共产品领域发挥有效作用,从而产生市场失灵现象。应该注意到,政府并不一定是公共产品的生产者、公共服务的提供者。公共产品供给与生产分开的理念,为公共产品的市场化供给提供了新思路。可以通过订立合同、授权经营、经济补贴、政府参股以及提供法律保护等方式来提供公共产品。如私立医院和私立学校等私立机构的出现不仅能够减轻国家财政负担,还能够提升服务质量。

(6) 分配不公平。在完全市场经济情形下,尽管市场机制能够有效调节个人分配,但首次分配是不公平的,并不能有效满足公平分配这个目标。

(7) 宏观经济不稳定。市场机制并不总能促使市场朝着稳定的物价、经济保持合理的增速、充分就业的方向发展,相反,市场经济的发展伴随着经济的周期性波动。这是由于在市场体制中,每个市场主体都以最大化私人利益为目标,每一个市场主体都不愿意为市场的宏观效率负责,结果只能是个人理性导致集体非理性。

2.2.2 政府失灵理论

美国经济学家韦斯布罗德(Weisbrod)于 1974 年首次提出政府失灵理论(government failure theory),他依据市场供求理论说明了由于消费者需求的多样性及政府自身的各种局限性,消费者对公共产品的差异性需求很难被政府满足,从而导致失灵[132]。萨缪尔森等[133]则认为,政府为了干预市场失灵,当其出台的相关政策或采取的集体行动无法改善经济效率或道德上可接受的收入分配时,则政府失灵出现。

第二次世界大战以后,西方各主要资本主义国家采取政府干预经济发展的方式,但随着国家对于经济发展的干预作用越来越大,导致了种种弊病,其突出表现是 20 世纪 70 年代,西方各国经济发展进入"滞涨"阶段,通货膨胀加剧,不仅导致物价上升,而且失业率也不断升高,这使得人们不再相信政府对经济的调节效用,从而撼动了凯恩斯主义"看得见的手"的基础。新自由主义学派主张政府干预应该是有限度的,积极倡导自由企业制度,应该强化市场机制在经济运行中的作用,加强市场的作用。由此,政府失灵理论应运而生。

政府失灵主要有四种基本表现。

（1）公共决策的失效

公共决策是指国家或政府管理部门因需要向社会提供公共产品与服务，从而做出的影响市场公共物品供给的决策[134]。公共决策比市场决策更复杂，这个过程受多重障碍、困难等因素制约。布坎南（Buchanan）指出公共决策失效的原因主要有六个：① 阿罗的不可能定理证明了将集体的利益或偏好看作个人利益或偏好的加总，这种计算方法是困难的，政府决策的目标不能是这种计算得到的公共利益；② 受限于内在缺陷，现行公共决策实现公共利益目的具有相当难度；③ 信息不全面性使得公共政策制定不是完全理性的，因此会使公共决策缺乏应有的效果；④ 选民由于知识结构不完善、对政策了解甚少，他们较难预测在未来时间里政策将如何影响社会生活，只能关注当前政策效果；⑤ 理性的无知选民所选举上台的政治家，往往只代表了少数人的利益，并不代表多数人的意愿；⑥ 现有的表决方式与投票规则并不是完善的，集体决策往往会导致最不受欢迎的决策入选，在特定的环境背景下，以此制定出的政策往往与原设想的公共利益大相径庭。

（2）政府组织机构的低效率

政府失灵理论指出，一方面，政府组织机构缺乏内在动力降低成本是政府机构效率不高的关键所在[135]。弗里德曼（Friedman）所说："用他人的钱，办别人的事"。由于产权自由，政治家一切政治活动资金均来源于纳税人，导致政治家所有行为均不受成本约束，这样就导致极大的资源浪费。另一方面，政治家为追求个人政绩与选票，会提供一定的公共服务或产品，所供应的公共产品往往是高额的或者作用不大的公共产品与服务。在政治因素的影响下，其机构需要向政府提供相关决策参考和监督信息，而由于这些信息的不完整或者缺失，导致提供的公共产品或服务与预期相差甚远。

（3）政府的寻租活动

对于寻租活动造成的社会损失，布坎南从两个角度对其进行了分析。一方面，寻租者不断努力与付出，目的就是获取垄断权，从社会整体视角来看，也就是寻租者所付出的金钱完全是为了对政府进行各种游说，这种金钱上的花费，实属是资源浪费。另一方面，垄断者为了垄断权所支出的费用与为了垄断权所做出的努力就是"政治创租"所需要的费用。他们既会主动找寻潜在的租金到来者，也会利用那些通过政治权利想得到庇护的人，在这些过程中，他们的努力将会造成资源浪费，同时还会亵渎和歪曲政治权利。倘若政治家们足够廉洁，那他们也会花费一定的精力反对寻租者的游说与行贿。最终，寻租导致资源的垄断与政治权利的扭曲，结果就是造成整个社会福利的减损[136]。

（4）政府行为的自我扩张

在现实生活中，从政府失灵的角度来看，政府实际上是一个抽象实体，包含了公务员与政治家。而政客们就是以个人利益最大化为追求目标，追求的是加官晋爵、轻松稳定无压力的工作，以及各种能给予他们的社会福利。也就是说，政府与其工作人员也会按照追求自身利益最大化的行为模式来做出一定程度上有失公正的公共决策。不管政府的工作量如何，政府工作人员在数量上总是呈上升趋势。政治家所引领的组织机构的扩张是政府预算资金增加的原因，政治家的待遇、地位也会相应获利。

2.2.3 系统失灵理论

Edquist[137]认为，在系统化的政策范式下，政府干预创新的前提是政府既定的目标在自由状态下无法实现，即出现“问题”，而“问题”产生的原因是创新系统存在功能缺陷而无法对新知识或新技术的开发、扩散和应用形成有效的支持。相应地，Edquist[137]把创新系统功能的缺陷称为系统失灵。Metcalfe 认为，由于创新系统的复杂性和要素多重性，当系统中相互关联的机构、组织或交易规则之间出现不协调或不一致时，系统失灵就会发生。Keith、Carlsson、Malerba 等许多学者都在各自研究中对创新系统失灵做了阐述[138]。

Woolthuis 等[139]提出，系统失灵理论分为四种类型：

(1) 基础设施失灵。物质基础设施和科技基础设施是基础设施的两种主要类型。前者包括能源、交通、通信等，后者包括科学与应用知识及技能的可获得性、测试设备、知识转移的可能性、专利、教育培训等。规模大、不可分割以及运作时间长是这些基础设施的特点，如由私人部门进行投资取得足够回报的可能性较小。因此，政府应该关注此类基础设施建设的需求，防止基础设施供应和投资方面的失灵[140]。

(2) 制度失灵。制度失灵包括两类[141]：第一，硬制度失灵。硬制度主要指规章框架和法律体制，如技术标准、劳工法律、风险管理规则、健康与安全规章等。第二，软制度失灵。软制度主要是指社会范式与价值，文化，与其他行为主体共享资源的意愿，组织、产业、区域或国家内部的企业家精神，信任倾向性，风险喜好等。这些非正式制度形成了潜在的游戏规则，从而激励或阻碍创新。

(3) 互动失灵。强网络失灵和弱网络失灵是互动失灵的两种类型。强网络失灵是指行为主体之间过于频繁的互动导致单个主体的行为极其容易受到网络内其他行为主体的影响，并被指引到错误的方向，彼此之间无法提供必需知识。造成强网络失灵的原因在于内部导向带来的短视，以及过于依赖位居主导地位的合作者等[142]。弱网络失灵是指若网络内不同行为主体之间的联系较为薄弱，将会阻碍信息与知识元素在网络内的有效循环。

(4) 能力失灵。能力失灵主要是指规模较小的企业，由于缺乏快速而有效的学习能力，从而被锁定在现有的技术范式中，因而无法跃升至新的技术范式[143-144]。

2.3 复杂适应系统理论

2.3.1 政策复杂适应系统理论

复杂适应系统理论的精华是“适应造就复杂，复杂造就简单”。Cairney[145]指出产业创新政策固有的复杂性，包括政策制定过程的复杂、实施过程的复杂、效果评估的复杂，政策主体互动性、影响性、多重相关性，政策环境的不可控性等复杂特征，其有效性研究结果极易受系统不确定性影响。因此，过往学者们使用的建模方法（还原论、归纳法、演绎推理等）已经难以准确刻画出政策的复杂性特征[146]，比如演绎-规律模型和归纳-概率模型是传统定性方法的代表。学术界已开始质疑归纳-概率模型，因其忽略了政策及其执行主体的意愿和执行条例，进而致使研究出的因果关系过于简化；演绎-规律模型的准确性也因其假设前提不存在而遭受严峻的挑战。在真实生活中，科技创新政策的执行明显不像这两种模型阐述的仅是简单的执行这样流于表面。相似地，使用传统的定量方法分析科技创新政策也有缺点：以往的统计回归方法把一个政策现象划分成几个部分，抽象出最简单的属性，然后用一些元素的属性来解释复杂的整体现象，然而这类统计方法遵守的也是简单的因果决定论。故在研究区域创新政策时考虑引进复杂适应系统理论，一方面是响应与发展了传统的复杂性思潮，另一方面更是一条符合当前研究本质和学科发展的新路径。鉴于复杂适应系统理论及其模型因其研究政策多维复杂系统时可避免受到系统不确定性的影响，故成为研究政策复杂系统较具活力和影响力的方法之一[147]。对政策复杂性特征最早开展系统研究的可以追溯到 Kljin 等，他们都偏向使用复杂适应系统理论的研究框架来分析政策制定、实施和评估全过程的动态演变[148]。

随着学者们不断推进区域科技创新政策领域的研究，产业创新政策的复杂适用性应具体体现在以下几个方面：① 从产业层面来看，国家通过颁布的产业政策对市场准入规则进行设定，相关政策的内容会影响到进入市场内部的企业数量，相当数量企业的进入必然会打破过往市场已达到供需均衡时的均衡价格，并且根据新进入的企业市场不断朝着新的均衡状态发展，企业的供给及消费者的需求状况会进一步推动产品市场价格不断上下波动，最终达到新的市场平衡，而作为创新主体的企业，行业企业必然会不断加强技术创新力度，开发新的技术道路，以求适应新环境。② 从企业层面来看，当所处环境发生变化时，企业根据自身特征判断其是否能够适应此次变化，然后做出破产、兼并或创新的战略抉择，若企业选择创新，那么企业高管将会积极抓住政策的引导方向制定新的发展战略，同时寻求最高效的方式利用政策投入的资金补贴或人才补贴等方式辅助技术创新活动。③ 从创新活动本身层面来看，该过程包括引进外部人才和培训内部技术研发人才，加强新产品的创造、降低成本，学习先进同行的创新经验等。

2.3.2 "刺激-反应"理论

"刺激-反应"(stimulus-response)理论是心理学和行为科学领域的核心理论之一，首次被提出是在俄罗斯科学家巴甫洛夫的"条件-反射"(conditioned-reflex)实践研究中，该理论的主要内涵是：人的行为是由外部环境或事件驱动的，学习就是学会思想和行为对周围环境以及事件的刺激而做出反应，当面对偶然发生的某一场景或事件时由于主体采取的某一行为产生了正向的效果，那么该行为得到强化，此后在同一刺激条件下主体有继续实施该行为的意愿。换言之，人的需要、动机、行为以及它们之间的关系通常会对特定环境、特定事件的刺激而做出明显反应。"刺激-反应"模型由 Holland 等[149] 正式提出，用以表达主体与环境的交互作用，在描述主体对所处环境变化的反应机制方面具有较强的解释能力。在复杂适应系统的微观层面，研究者构建了"刺激-反应"模型来探索"刺激-反应"主体和环境的相互作用，这个模型通常由探测器(接受刺激)、执行系统(规则)及效应器(反应)三部分组成。知识经济背景下，技术的适应性演化是相当复杂的过程。拉马尔基主义认为，环境刺激创新主体的创新过程，创新主体对刺激做出反应，产生自适应学习行为，学习结果表现为新一轮的技术演化。

2.4 政策扩散理论

当前学术界对政策变迁的研究大多以政策扩散为理论依据之一，该理论始于 20 世纪 60 年代，美国学者沃克(Walker)试图以扩散理论为基础探讨州政府间的政策创新实践活动，这一研究被学术界认为是政策扩散的研究起始点，至今其已经成为政治学与公共行政学专题的关键组成部分。政策扩散理论经过 50 多年的发展，逐渐成为政策研究领域的一个独立分支，我国研究人员把政策扩散理论作为政策制定系统中一个必不可少的部分，其他各国的研究人员也已在该领域取得丰硕成果。

国外学者们对于政策扩散的概念界定，虽然表述上有所不同，强调的重点略有差异，但整体的观念基本趋同。对过往的文献进行研读发现罗杰斯(Rogers)界定的政策扩散被其他学者的认同率以及引用率最高，其观点有很强的代表性，他认为政策扩散是“一项创新通过某种渠道随着时间流逝在一个社会系统的成员间被沟通的过程”。卢卡斯(Lucas)将其定义为“扩散是某种创新从其发明和创造的发源地传输到创新的最终使用者或者采纳者的过程，扩散过程的本质是人与人之间的互动与沟通”。罗杰斯和卢卡斯这两种广为流传的定义虽略有不同，但是二人本质上都强调了沟通以及创新这两个关键点，他们都主张政策扩散即为创新型政策通过沟通和交流的扩散过程。也就是说，扩散可以被看成一种特殊形式的沟通，最主要的交流内容是新政策的信息。除了这两个定义以外，也有其他一些研究政策扩散的学者指出了地方政府的主体地位与其间政策沟通的重要性。布劳恩(Braun)认为政策扩散是能相互影响的地方政府间的政策选择相互依赖、相互作用的一个过程；在威特默(Witmer)的观点里，因为地方政府间存在互动与沟通，故当某一地方(州)政府退出了一项新政策时，其他地方(州)政府采纳这项政策的意愿就会越强。从扩散与地方政府间的关系来看，就像斯特朗(Strang)所描述的，“政策扩散是指这样一个过程，即首先采纳某种做法或实践的地区会改变尚未采纳区域采纳这一做法的概率”[150]。结合上述观点，可见政策扩散的定义是地方政府与地方政府之间通过政策信息的沟通与交流，某一地方政府结合当前状况而推出新政策或政策实践活动，使得其他某个或者多个政策主体接连不断地推行采纳，从而对各个地方政府所辖区域的政策活动产生一定影响。我国诸多学者在探讨政策扩散的模式、路径与机制等时也界定了政策扩散，具体包括：刘伟[151]在探讨国际公共政策的扩散过程时，将政策扩散界定为“政治系统中某一个主体的一种政策行为被该政治系统中的另一个主体所采纳的过程；当这样的行为被观察到时，即可认为政策扩散已经发生”。王浦劬等[152]以我国本土政策为例，研究其扩散的机制模式时，认为“公共政策扩散是一种政策活动从一个地区或部门扩散到另一地区或部门，被新的公共政策主体采纳并推行的过程”。陈芳[153]在文章中指出国外学者将政策扩散定义为“一项政策或项目的创新如何由一个政府传播到另一个政府的过程”。综上可知，我国学者对政策扩散的概念界定虽然没有明确将“沟通”纳入关键要素之一，但他们在探讨政策扩散机制时关注的内容隐含了政府间的信息交换，也就是沟通的研究，诸如王浦劬等[152]学者认为扩散机制主要是模仿、学习、竞争、行政指令以及社会建构等，这与西方学者对扩散机制的研究结果在本质上异曲同工,基本吻合。所以,国内外对于政策扩散的定义本质上并无不同,仅有语义表述上的差异。

陈芳[150]按照时间顺序将政策扩散理论在国外半个多世纪的研究进展划分为三个阶段。根据每个发展阶段所呈现的不同特点,这三个阶段分别是:单因素理论解释期(1980 年之前);碎片化理论解释期(1980—2000 年);尝试整合理论的解释期(2000 年至今)。

(1) 第一阶段(1980 年以前):单因素理论解释期

20 世纪 60 年代末,许多学者尝试用扩散理论解释美国州政府的创新实践,这被认为是公共政策扩散理论的研究开端。"创新"是指"一个项目或政策对采纳它的政府而言是新的,不管这个项目有多老或有多少其他州已采纳"[154]。而政策扩散理论就是关于政策或项目创新是如何传播的研究。Walker、Gary 等[154-155]学者对早期政策扩散的概念化研究做出重要贡献,使政策扩散理论在概念界定、理论解释和方法研究上初成体系。政策扩散内涵在这一时期关于扩散定义、研究焦点、扩散过程与速度等争议中形成雏形。通过对定义的讨论,多数学者认为政策扩散是指一项政策或项目的创新如何由一个政府传播到另一个政府。不尽相同的研究焦点增进了扩散理论内涵的讨论。尽管政策扩散的客体是政策或项目的创新,但 Walker[154]的研究更多地关注政策采纳者;Gary[155]则认为州政府在某个政策领域是创新者并不意味着它在其他政策领域也是创新者,政策内容对州政府是否采纳某项创新及采纳的速度来说很重要。在关于政策扩散过程与速度的研究上,Walker 用"树"比喻美国州政府的创新扩散过程,树的上方是一批因为竞争或效仿而联系在一起的开拓州,而剩下的州政府根据开拓情况构成了树的下方,由于后进州受到联邦政府激励和州政府专业化发展等因素的影响,政策扩散的时间正在逐渐缩短,正如小树的成长一样,政策扩散的过程及速度会因外界因素的变化而受影响。这些相关的理论阐释都构成了这一时期扩散理论内涵的重要内容。

早期政策扩散理论主要集中在解释影响扩散的不同因素上。在美国州政府创新扩散的早期研究中,影响因素主要分为三类:沟通因素,地域因素,政治、经济、社会等自身因素。这一划分也很好地体现在组织扩散、地域扩散、内部扩散三种扩散模型中。前两个模型强调政策扩散的产生是其他州对领先州的效仿。最后一个模型则认为扩散受州政府本身的政治、社会、经济特征影响而非其他州的影响。

(2) 第二阶段(1980—2000 年):碎片化理论解释期

经过早期的发展,政策扩散研究虽已逐渐形成自身的概念体系、理论解释和研究方法,但远未成熟。在 20 世纪 80 年代至 21 世纪初,政策扩散理论经历了一个快速发展阶段，从概念体系、理论解释到研究方法都得到很大发展。从概念体系来看，这一时期对扩散客体的认识及扩散范围的研究都更进一步。首先，扩散客体已由对一般政策内容的关注发展到对具体政策要素的关注，如政策工具等；其次，扩散范围也由原先局限于美国州政府的创新扩散研究到更多国家和地区间的政策扩散研究。

为了更清楚地了解扩散是如何发生的，对扩散客体的深入研究就不可回避。在区域一体化、国际化和全球化潮流的影响下，许多政府都面临相似的公共问题，其政策选择也愈来愈受到其他政府决策的影响，尤其是在解决相似问题的工具选择上。虽然政策扩散理论一直都未能清晰地界定政策扩散的因变量[156]，但这一时期的研究至少表明，政策工具是政策扩散研究的因变量之一。如促进能源保护、环境保护等领域的规制、价格补贴等政策工具的扩散，有关官僚问责制的跨国扩散，研究与技术发展项目在欧盟和一些欧洲国家的扩散等，这些研究都是将政策工具作为因变量。Hall[157]区分了三种导致政策变化的类型：政策工具的设置、政策工具的类型、政策目标。虽然这种划分方法的目的是分析社会学习或政策学习对政策变迁的影响，但它对政策扩散客体的细分具有重要的启发意义，也因此被后续相关研究广泛引用。

政策扩散的研究范围在这一时期也不再局限于单个国家。Egeberg 认为仅使用国内的变量已不足以解释不同西方国家的政策相似性。Morth 也认为政策已经不能被一国政治充分解释，实践中区域内政策的标准化意味着跨国政策之间存在许多相似性。从文献来看，这一时期政策扩散的研究范围在领域和地域上都有所突破。前者表现为政策扩散的研究已超越以往集中在立法和行政领域的局限，扩散到司法领域；后者表现在众多对相邻国家间、区域共同体内，或具有其他任何沟通机制的一类国家间的政策扩散研究上。

随着扩散研究的深入，学者们开始审视前期的政策扩散研究。早期的研究"除少数情况外扩散理论家倾向于使用集合数据、多元政策系统分析的宏观方法"。这类研究可以对影响政策扩散的因素及影响关系有总体认识，如社会经济因素、地理因素、政治因素等都可能成为一项新政策采纳的时间早晚，甚至最终是否被采纳的影响因素。但是，这样的研究却难以发现存在于不同政治体间扩散行为的具体动机。于是，很多政策扩散的研究者在这一时期开始致力于扩散机制的探究。机制是指"关于两个变量如何相关的貌似合理的解释的一系列陈述"[158]，它能揭示引起扩散行为的具体因素或影响变量。政策扩散机制的研究是政策扩散理论体系的重要内容。

或许是基于这样的考虑，Leichter[159]对英联邦近 40 个国家的具体政策扩散个案进行考察，发现了比基于美国政治体内更丰富的扩散路径。第一种是

"平行的国家行动",即英联邦国家间的政策扩散路径,扩散在这种情况下是指各政策领域内集体达成一致意见,共同的立法行动。第二种是"复制邻国行动",即英联邦国家间的政策扩散沿区域边界展开,而这种扩散可能源于敌对国或竞争国的效法和合作冲动。第三种扩散路径是政策在具有相近文化和社会经济特征而非相近地理特征的国家间扩散,被称为横向扩散,比如贫穷、文化多元的产糖国期望从其他贫穷、文化多元的产糖国获得政策信息或启发。第四种扩散路径为等级扩散模式,政策从发达国家扩散到欠发达国家,由于欠发达国家自身立法经验、专业技术、管理人员的缺乏,他们通常将发达英联邦国家作为他们各方面的向导;这种等级扩散是由发达国家的倡议和鼓励而引起的。在概括了这些扩散路径的基础上,Leichter 进一步分析了产生这些扩散路径的具体动机,总结出以下几种:重塑政治制度或实践;应对新情况或特殊情况;做出迅速政策行动的回应;改变原有的失败政策;为其他政策制定收集信息,不用"浪费时间做别人做好的事";效仿已熟知的政策;避免其他国家的政策错误。

许多研究通过个案分析探究政策扩散的发生机制。Berry 等[160]的研究显示州政府间竞争是影响美国州政府彩票政策扩散的关键因素之一;Peterson 等基于美国背景,发现州政府害怕沦为"福利磁石",争相展开削减福利的政策互动;Berry 夫妇的另一项研究表明,政治家在采取增加税收这样不受欢迎的政策时需要一些政治掩饰,而向已实施这些政策的州政府学习为此提供了机会;Welch 等[161]的研究发现由于美国联邦政府对政府间资助附加限制条件而产生的自上而下的压力促成政策扩散;Stone[162]的研究认为面临经济危机或军事失败的政府容易屈从压力采纳新政策等。这些个案探究,发现了许多引起政策扩散行为的具体机制,一时间掀起了政策扩散机制的研究高潮。

(3) 第三阶段(2000 年至今):尝试整合理论的解释期

政策扩散理论在经历了一个迅速发展期后,也暴露出一些缺陷。政策扩散的研究者自 21 世纪初以来,一方面致力于超越自身理论缺陷的尝试,另一方面继续研究方法的拓展,试图以更丰富的经验研究推动政策扩散理论的进一步发展。事实上,政策扩散理论发展至今,仍未完全明细其具体研究对象。正如 Howlett 等认为的那样,由于缺乏对因变量的清晰界定,使得政策扩散发展过程受阻[156]。尽管如此,政策扩散内涵的研究仍在不断探索中逐步拓展。阅读自 2000 年以来发表的期刊文献,政策扩散内涵的研究主要在两方面出现新进展:一是对政策工具扩散的持续关注;二是对政策扩散结果的关注。

从政策工具方面来看,这一时期税收、规制、私有化等仍然是政策扩散关注的主要内容,但表现出一些新特点。首先,工具本身发生了变化,以规制为例,既有研究放松规制的扩散，如基础设施的私有化和自由化；也有研究重新规制的扩散，如金融市场的规制。其次，工具选择出现组合趋势，如私有化和放松规制的工具组合在养老、福利制度等领域的扩散等。

从政策扩散结果来看，基于对政策扩散只关注如何扩散批评的回应，这一时期许多学者开始关注政策扩散结果。政策趋同在这一时期的迅猛发展也为政策扩散的研究奠定了基础。虽然政策趋同未必由政策扩散引起，但是政策扩散的结果会导致政策趋同现象。学者们对政策扩散结果的研究已各有侧重，有的学者关心导致政策扩散结果的原因，如 Schneider 就考察分析了美国各州惩罚政策在 1890—2008 年间呈现出的趋同、分歧的循环等各种影响因素；有的学者呼吁强调对趋同进行程度和层次的区分，Heichel 等对当前政策趋同的研究进行了回顾，认为当前的趋同研究多属于关注影响因素的分析，而非对趋同程度和层次的区分，因此这些研究应该给予加强。

从多年来政策扩散的研究来看，政策扩散的理论解释相对分散，并不存在一种唯一的政策扩散理论，而且各种理论解释之间缺乏内在的一致性。对政策扩散现象的理论解释通常也不统一。如 Elkins 等认为，政策扩散现象仅依赖一些成熟的政治经济学模型是不够的，证据表明政策扩散的发生可能由国际竞争和学习两种不同的机制引起；美国州政府禁烟政策的经验研究揭示了学习、竞争、模仿和压制等四种不同的扩散机制。而这些恰恰反映了当前政策扩散研究缺乏一致、坚实的理论基础。

随后，许多学者开始尝试政策扩散机制的整合研究。Wejnert[163] 提出了一个整合政策创新扩散各变量的概念框架，这个框架把所有扩散变量分为三类：第一类是创新本身的特征，包含政策采纳之后的公私影响和成本收益两类变量；第二类是影响政策采纳率的创新者的特征，包括共有创新者的社会存在体(个人、组织、州等)、创新者对创新的熟悉度、情形特征、社会经济特征、社会网络中的位置，以及个人素质等六组变量；第三类是当代世界促成扩散现象的结构特征，即环境特征，包括地理环境、社会文化、政治条件和全球一致性等。Wejnert 从系统论视角出发，将创新扩散看成创新本身、创新者与创新环境构成的创新系统的产出，各变量间的内在联系可由系统论解释。Braun 等将原先基于不同甚至冲突的理论途径的各种机制纳入期望效益模型。政策的期望效益是指政策产生的效益和回报，它们对政策变化很重要。每种扩散机制都会影响其中的一个参数，扩散机制正是以政策方案的效益或回报的变化为运行前提。期望效益模型虽然仅是一个简单模型，却能反映出政策扩散的趋同结果。Heinze 经过分析发现当前扩散机制的研究基于一系列不同且不连续的理论前提，既有理性主义思想，又有建构主义思想，不利于政策扩散理论的发展。他回顾了政策扩散的研究文献，认为扩散机制大致集中于两种决定政策选择偏好和意愿的因果表述。第一种是基于政策选择理性基础的扩散机制，这是指政府行为可能是基于决策者的工具性考虑，也可能是基于规范的、制度的建构性目的。第二种是基于决策者信仰变化和结构条件的变化。按照这一逻辑，诸多政策扩散机制可以被划分为四种基本类型：效仿、社会化、学习和外部性。政策扩散的研究正在呼唤更多的理论连贯与一致。学者们也在对政策扩散机制不断地进行梳理与整合。

在政策扩散特征方面，相关学者将政策扩散过程的经验规律总结为四个方面：① 时序性，即先采纳的政策对后来的政策产生影响，且新采纳政策的主体数量随时间变化呈现为一条S形曲线；② 空间性，即政策扩散表现为“邻近效应”和“层级效应”，某地的政策创新实践会影响其他地区的政策活动；③ 多元性，即采纳新政策的主体具有多元性，但尽管各政策主体在社会政治、经济、文化等方面存在差异，在政策行为上却仍表现出一致性或相似性；④ 交流性，即交流是促进政策扩散最直接有效的途径[164-165]。

研读政策扩散领域文献以及总结上述特征，可以发现学者们对政策扩散的形式和过程尤为关注，特别是对于在何种情形下会发生政策扩散与地方政府间区域扩散现象的探讨，但对政策扩散实质内容的研究明显不足，忽视政策内容变化模式引起了许多学者对政策扩散理论的诸多批判：认为这一研究传统没有关心新政策的内容，其研究兴趣在过程而非本质[150]。实际上，政策扩散理论发展至今，虽然其概念界定、理论解释、研究方法等都得到了补充完善，扩散客体已由对一般政策内容的关注发展到对具体政策要素的关注（如政策工具、政策环境等），扩散范围也由原先局限于美国州政府的创新扩散研究到更多国家和地区间的政策扩散研究[153]，然而尚且缺乏对研究对象的明确界定，对扩散内容的关注度也较低，这些成为政策扩散理论发展的困境。为了填补这些研究空缺，学术界的焦点转向了对政策移植理论的研究。此外，虽然政策扩散理论不断受到批评和怀疑，但也正是这些质疑促进了该理论的日益完善和发展。

2.5 文献综述

2.5.1 创新政策对企业创新绩效的影响研究

2.5.1.1 创新政策的内涵

以促进创新活动发生、创新成果利用和扩散为目标导向的公共政策称为创新政策，科技创新政策为其重要分支。学术界对创新政策内涵界定各持己见、众说纷纭，主流观点有以下几种：

(1) OECD认为创新政策制定与经济、科技创新政策存在紧密关系。将科技创新政策与其他政策(如经济、社会、产业、能源、教育)有机结合，形成政策生态，是制定创新政策的主要目标。

(2) 学者Rothwell[166]认为，创新政策由科技创新政策和产业创新政策二者整合而来。科技创新政策包括知识产权保护、职业教育、基础理论研究和应用研究等，而产业创新政策包括税收优惠、投资激励、产业改组和应用研究等。

(3) 欧洲学者Dodgson等[167]认为创新政策是与推动技术创新活动相关政策的综合体，科技创新政策和产业创新政策是该综合体的核心，其目标在于改进企业、网络、产业和整个经济体的创新能力。

2.5.1.2 创新政策效果分析与评价

创新政策效果评价与公共政策效果评价本质相同，二者关键区别在于创新政策价值不同于公共政策，创新政策效果评价更偏向于从基础理论角度制定评价标准、选择评价方法，主要从创新内涵、创新政策内容和特点、创新政策的工具和目标等方面开展。综合来看，现有研究主要从评估标准、评估对象、政策工具选择和评估方法四个角度对创新政策效果进行评价。就政策评估标准而言，它是对政策效果进行评价的参照物或依据，对创新政策评估结果具有决定作用。而不同的评估标准对政策效果的评价可能大相径庭，导致评价结果完全相反，因此选择合适的政策评估标准至关重要。对于创新政策这一具体实际而言，研究者通常依托于政策制定者的行为目标来界定政策。学界主要存在慈善政府和“经济人”两种假设：慈善政府假设认为政府创新政策着眼于全局性、长远性和合理性，该假设更符合宏观尺度的描述；但“经济人”假设则认为利益最大化是政府部门追求的主要目标，其追求局部而非全局的帕累托最优，该假设更符合微观尺度的衡量。由此可以看出，创新政策的评估是一个依托于宏观与微观的多层次综合评价范式，不同的研究主体选择可能带来不同的结果。

针对政策作用的主体异质反馈特性[168]，学者们基于特定评估对象对政策作用效果进行了研究。Zhao等[169]以风电产业为例研究了风电产业的价格政策对其发展有显著的正向作用；王文倩等[168]使用中国上市公司面板数据研究发现，产业政策虽然对企业融资约束具有缓解作用，但是对企业资本配置效率具有抑制作用，进而抑制企业创新效率提高。由此可以发现，学者们的探索并未从政策作用的源头出发，即缺少对政策在宏观层面体系性的扩散过程的研究，仅侧重于中观和微观的研究会造成研究结论的天冠地履，缺少来自源头的深入研究很难形成完整的政策效果评估框架。将政策在宏观层面扩散纳入政策评估框架中，以解决政策评估过程中的“失源”问题势在必行。

针对不同创新政策工具所产生的效果研究可以依据创新政策的类型划分为三类。首先，强制型政策工具（如颁布法令及规定）对创新绩效的影响：该种政策工具的特征在于其对创新主体作用的直接性，政府通过对高风险、低回报或者关键性技术进行强制性规制或设置壁垒等手段实现对产业创新能力的培育。研究指出，该种创新政策工具通常效果显著，但作用效果可能受制于企业回应而难以发挥作用[170]。其次，混合型政策工具（如政府出台一系列具有相互作用关系的一揽子激励政策）实现产业创新绩效的提升：研究指出，通过构建需求拉动与技术推进相平衡的政策组合可以有效地壮大创新生态系统，但这也从侧面对创新政策组合的效率提出了更高的要求[33]。最后，自愿型政策（如激发企业主动进行技术创新和改进的创新政策）对创新绩效的影响：研究表明，该类政策的目的在于实现企业自发形成创新能力，通过给予特定的环境支持促使企业在市场条件下自发进行创新活动，该类政策的“柔性”作用效果发挥依赖于企业自身策略与宏观政策的协调互补[171]。综上而言，无论哪种政策工具的选择均有其优劣之处，如何恰当地选择政策工具并进行搭配则是研究的重点，如何寻找政策工具作用的准确位置也就显得至关重要了。

现有研究中，理论框架设计和量化测量是政策评估的主要方法。理论框架设计从最初的“政策目标—政策手段”两维框架[172]逐步转向“政策目标—政策工具—政策执行”三维框架。这表明学界越发重视政策从宏观制定到微观执行的相互联动性。随着现实中创新政策的大量出台，针对创新政策的评估也从理论框架的探索向着多维政策组合综合效果的量化评价发展[173-174]。将政策作为投入变量，量化政策效果相对来说仍比较困难，但目前有学者开始尝试量化测算“政策力度”这一概念并对其进行研究[175-176]，也有学者结合政策组合及力度对政策进行量化评价[177-178]，这不仅可以弥补在将文本转化成数据的过程中可能产生的逻辑遗漏，也为政策测量提供了一个新的思路。

2.5.1.3 创新政策对企业创新绩效的影响研究

创新政策作为解决市场失灵的重要措施被学界和社会各界广泛关注，为了处理这些外部因素，直接或间接地促进创造性活动，可以使用源自不同政策领域的各种政策工具。创新政策作为主要政策工具，需要解决溢出效应和新知识的不排除性、路径依赖性、锁定和网络效应造成的研发投入不足[179-181]，同时全球不同国家政府纷纷增大创新政策投入，政府支持项目与科技园计划不断增多，但政府的创新支持行为却常常在向微观层面渗透过程中产生异化。

(1) 单一政策工具对企业创新绩效的影响研究

以前的文献大部分集中在单一政策工具的影响研究方面[182-183]。也有研究学者从供给、环境、需求三个方面设计政策框架分析产业政策对企业竞争力的影响[184]。需求拉动政策指政府借助采购支持、消费者补贴、贸易管制等手段降低不确定性对战略性新兴技术市场化的干扰，帮助企业开拓国际、国内双市场，从而拉动战略性新兴产业企业的技术赶超。需求拉动工具通过创造市场需求进而间接影响企业创新活动，如上网电价或投资支持，可以促进消费群体对可再生能源发电技术需求量的增加，从而扩大市场规模。为了建立这些技术的需求，需要保护利基市场，使技术出现和改进。需求拉动政策工具可以创造这样的利基市场，并为企业进入市场提供激励，或创新和扩大生产能力。随着企业进入市场，企业收入增长，企业发展到适当规模可以产生规模经济效应，从而开发更有效的生产流程或投资新机器设备，降低了生产成本并产生了可以重新投入研发的收入[185-186]。雷根强等[187]使用 DID(双重差分法)研究“十大产业振兴规划”政策对企业创新的影响力度及机制，发现该项产业政策显著促进企业创新水平的提高，且主要通过税收优惠来发挥作用。Hu 等[39]以 2012 年中国政府颁布的“绿色信贷指导准则”政策作为一项准自然实验，研究绿色信贷政策对高污染企业绿色技术创新的影响，结果表明绿色信贷政策可以通过缓解信贷约束促进高污染企业的技术创新，进而加速新兴经济体实现绿色转型。

技术推动政策工具通过研发补贴影响技术创新过程和结果，或通过在研究机构中进行公共研发推动技术进步。研究学者在探讨政府 R&D 补贴对企业 R&D 投入的影响方面并未形成一致的结论，主要集中在促进效果、挤出效果和混合效果三个方面。“促进”流派的学者认为政府 R&D 补贴能够增加企业自身的 R&D 支出，目前学术界已从不同角度阐述了促进效果的理论基础。根据研究内容和研究结论的不同，本成果将“促进”流派的实证研究分为四个不同阶段。第一阶段重点研究政府 R&D 补贴的促进效应是否存在。第二阶段是在第一阶段确定 R&D 补贴的促进效应存在的基础上进一步探究了补贴促进程度。第三阶段学者们主要关注不同因素对政府补贴效果的影响，如企业规模、行业、政府补贴方式等。第四阶段学者们尝试划分技术创新系统内部各阶段或政策实际作用阶段，并进一步探究最佳政策组合方式及影响政策效果的内外部因素。促进作用实质研究如图 2-1 所示。

“挤出”流派的学者们认为，来自政府的 R&D 补贴非但未能促进企业自身研发投入增加，反而会产生“挤出”效应。目前，理论界已有众多关于政府 R&D 补贴“挤出”效应的文献研究，大量学者利用面板数据，实证研究证实了政府

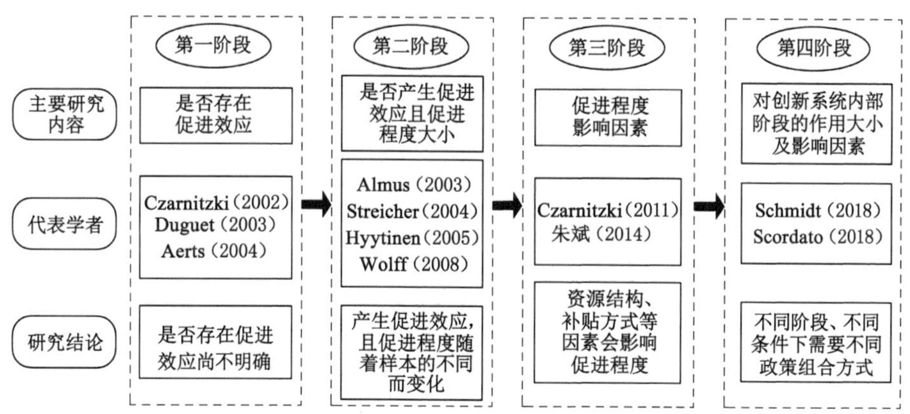

图 2-1 促进作用实质研究

R&D 补贴“挤出”效应的存在[41,88]。而产生两种截然相反研究结论的主要原因是在样本筛选、研究对象及变量选取等方面存在差异。随着研究深入，越来越多的学者研究发现，政府 R&D 补贴对企业投入的影响不是简单的促进或挤出，而是两种结果会同时存在，且影响补贴效果因情境不同而存在差异[189]，比如政府补贴时点、企业区域等因素均会影响补贴效果。因此，需要深入挖掘影响政府 R&D 补贴效果的因素。

供给推动政策旨在通过向企业提供科技投入、人才培养、信息服务等支持，增强企业技术研发支撑能力，提高企业研发能力。我国风电产业装机规模虽处于世界领先地位，但快速发展背后也存在严重技术瓶颈：风电产业创新程度相对较低，原始创新和重大创新缺乏，核心技术对外依赖程度较高[70,190]。鉴于此，我国应通过高技术人才、研发资金等创新要素的供给，分散企业技术赶超风险和成本，鼓励企业加强与外部组织建立创新合作网络，开展协同式创新弥补内部资源不足对企业创新造成的影响。

环境支撑政策是政府旨在通过政策工具为企业创新营造良好的制度环境。现有研究从环境政策工具发挥作用的主体和政策工具的强弱性特征两个角度，将政府环境政策工具分为三类：直接管制（命令—控制）、经济手段（市场激励）和“软”手段。杜威剑等[191]认为在环境规制对企业创新“遵循成本”效应和“创新补偿”效应的共同作用下，环境规制本身的累计程度对创新的影响呈非线性的 U 形关系。徐雨婧等[178]认为进口鼓励政策与市场型环境规制对企业创新的作用力度更大、持续时间更长。学者在研究环境政策对企业创新绩效的影响方面尚未形成统一的结论，因此有必要对风电产业创新政策与风电企业创新绩效的影响关系做具体研究。

(2) 政策组合对企业创新绩效的影响研究

科技创新政策作为国家激励技术创新的重要手段，被政界和理论界给予高度重视。随着科技创新政策累计颁布数量日益增加，政策系统越来越复杂，由不同行政级别部门颁布的政策和具有不同特性的政策之间的交叉作用日渐频繁，政策组合成为解决创新系统问题的关键手段[34]。在政策类研究文献中，对政策的研究方向逐渐从关注单一政策发展至对政策组合有效性的分析[192]。其发展推力源于解决市场失灵问题需集中不同政策效力。此外，政策组合有助于更好地捕捉"现实世界"随时间变化的复杂多层次和多主体行为现象。其在政策工具的相互作用、政策战略与长期目标的相关性，以及总体政策组合特征的重要性方面具有明显优势[193]。

学者们对创新领域政策组合的研究共两类：其一是对政策组合的概念分析。OECD[194]提出的政策分析框架包含政策领域、原理、策略任务和工具；Flanagan 等[195]对创新政策组合概念进行重构，强调政策组合对创新过程的影响以及不同政策工具间相互作用的动态性；Rogge 等[196]在前人基础上提出综合性更高的政策组合内涵，并指出具有一致性、连贯性、可靠性和综合性等特征的政策组合更能有效促进创新。其二是使用经验回顾和案例分析等方法分析政策组合的现实情况及其对创新的影响[197]。

学者在研究政策对产业创新的影响方面已经进行了积极有益的探索。徐喆等[34]从区域差异角度，对比分析不同类型政策组合与同类型政策中不同政策工具的组合对高技术产业创新能力的影响，结果表明：两种政策组合的综合性和一致性呈线性增长趋势，有效促进产业创新；只有不同类别政策工具组合的均衡性呈先升后稳的趋势，其他均衡性较低，且对产业创新的影响效果不稳定；进一步发现，政策组合对南部沿海综合经济区的影响优于其他地区。Costantini 等[33]的研究表明，当需求拉动和技术推动两类政策组合处于均衡状态时，其对生态创新的影响效果显著增强；尤为重要的是，更全面的政策组合可以加强创新活动，以创造新的生态创新技术，另外简单地累加不相容政策工具可能会降低政策组合的有效性。Wang 等[12]以中国风电产业为例，研究产业政策对企业创新质量的作用机理。因此，在制定政策组合，加强市场激励、新产品和技术开发创新能力时，这两个政策支柱之间的平衡将成为一个重要的特征。

然而，缺乏对使用政策组合概念作为分析起点的创新政策效应的实证研究。Reichardt 等[192]通过分析政策组合如何影响企业创新活动，迈出了研究创新政策对企业创新绩效影响的第一步。Reichardt 等以德国海上风电为研究案例来分析全面政策组合的创新影响，研究发现，德国海上风电政策组合的上网电价水平和感知的一致性与可信度是企业创新重要的驱动因素。具体来说，持续稳定的政策战略及其长期目标，以及与政策战略结合的一致性对企业 R&D 至关重要。已有对创新政策与企业创新绩效的研究大部分基于发达国家，然而针对我国研究创新政策与企业创新绩效的文献却很少，尤其是对于风电企业创新绩效影响因素研究关注度不够。因此，对当前创新政策尤其是风电产业创新政策对企业创新绩效影响效果评价进行理论研究非常重要。

2.5.2 创新政策实施效果的影响因素研究

2.5.2.1 企业因素

当利益分配不能符合心理预期时，开放式创新的主体——企业容易出现信任度不够、自私行为等现象，影响开放式创新的稳定性。“利益-权力”需求充斥在各利益相关者之间，分别影响创新投入行为，从而影响政策对主体的创新促进作用。企业在创新核心环节的自主实现能力不足导致其停滞在现存的技术水平上而不能跃迁到新技术轨道。当前关于创新政策实施效果的企业因素主要集中于高管特征及企业异质性两个维度。

(1) 高管特征

鉴于高管对风电企业发展的重要性，现有研究主要围绕高管特征展开；该思路以 Hambrick 等[198]提出的高层梯队理论为依据，主张高管团队的特征与企业的成长、战略选择及绩效水平一脉相连，这些特征既包括高管的职业背景、受教育水平、任职年限、社会关系、经验、年龄等客观因素的影响，又包括了对高管团队人生价值观和认知能力的考量。国内外众多学者基于不同视角和不同行业研究技术创新绩效的影响因素，取得了丰硕的研究成果，近期研究成果表明高管团队是影响企业技术和产品创新项目成败以及技术创新绩效的关键诱因[199-200]。随着创新经济学理论体系和委托-代理理论的丰富与完善，许多学者对此进行了探索，当前高管特征的研究中基于高管持股和女性高管两个角度的文献逐步递增。

① 高管持股。Jensen 等[201]最早提出委托-代理理论，认为委托人需要对代理人进行适当激励以缓解代理问题，股权激励有利于整合高管和股东之间的核心利益实现利益趋同。随着创新经济学理论体系的完善和发展，许多学者开始以高管持股为切入点展开研究，试图解释高管持股与创新活动、技术创新绩效具有何种影响关系，以及解释不同企业技术创新绩效存在显著差异的原因。戚拥军等[202]主张，当高管持股比例较高时，可以缓解代理缺陷，有效避免经理人

短视及自利行为，使公司所有者与管理者的利益相对一致，高管进行投资决策时愿意投入精力和资金支持有助于企业长期发展的技术研发活动，激发管理层创新动力，进而提升创新绩效；但也有学者认为这种关联在不同所有权结构的企业中影响程度有差异，郭令秀等[203]在文章中指出非国有企业资源匮乏，在整个行业中处于劣势竞争地位，高管必须兼顾生存能力和发展能力，借助不断的技术研发提高竞争力，相较于国有企业，持股比例增加促使管理者与股东利益趋同时，民营企业的高管更愿意通过开展技术创新活动为组织谋取超额利润。为了达到企业预期目标，对于关注研发投入的公司而言，长期激励（如股票期权和限制性股票）与专利申请量成正比，而短期激励与创新之间的相关性不显著[204]；Zhou 等[205]以中国上市公司 2012—2017 年的数据为研究样本，探索了高管激励与研发投资的关系，研究发现高管薪酬激励与技术创新投入高度正相关，而高管股权激励对企业研发技术的资金投入量无显著影响。此外，也有学者发现高管持股对企业创新绩效的影响不全是线性的，也存在负面影响和显著的倒 U 形关系的研究[206-207]。国内外部分学者的研究发现：高管持股对企业技术创新绩效的影响既存在"激励效应"，"壕沟防御效应"也较为显著，即高管持股并不意味着会提升企业技术创新绩效[208-209]。

结合以上已有文献可知，学术界对于高管持股与企业技术创新绩效的关系研究莫衷一是：部分学者认同高管持股对企业创新绩效有显著的促进[210]或抑制作用，一些学者则认为两者没有显著关系，还有部分学者认为高管持股对企业技术创新绩效既可能具有利益趋同效应，也可能产生壕沟防御效应，也就是说高管持股在一个适度的比例才对技术创新绩效具有正向促进作用，但这个区间比例因行业和企业类型有所差异。因此，有必要对风电产业的高管持股与技术创新绩效的影响关系做具体研究。

② 女性高管。随着市场化程度和社会经济发展水平的提高，参与企业管理团队创新研发决策的女性高管占比越来越大，学者们对于女性高管能否促进技术创新绩效众口纷纭，高层梯队理论认为管理者特质和认知模式存在差异，不同性别的认知模式和思维模式会存在差异，从而影响高管团队决策制定过程[211]。研究发现高管性别结构合理不仅有助于企业聚焦于创新战略，而且对管理绩效具有重要影响[212]。有研究主张女性高管对企业技术创新绩效的提升作用并不明显，如李秀萍等[213]认为女性高管往往为风险厌恶型，她们更加保守且需要相对较长的时间接受新技术、新产品，经实证研究也证实女性高管比例负向调节数字金融与企业创新之间的关系；秦璇等[214]也认为性别陈规定型观念和组织惯例等因素导致女性在管理活动中提出的想法可能不被鼓励或采纳，进而不能推动企业的创新活动。不同于以上学者所得结论，也有研究人员分析

发现女性高管因其优质的社会关系网络和人文情怀更有利于所在企业长期发展。Wu 等[215]以中国上市企业为研究对象，通过量化研究证实女性高管更有利于提高企业创新绩效，因为女性高管的管理风格相比于男性高管具有更强的道德感、更加注重围绕合作、较弱的控制水平、更偏向集体解决问题和决策等特点，这些特征与变革型领导方式高度契合，而变革型领导风格往往催生高效率高绩效的创新。海本禄等[216]基于中国企业的问卷调查数据，实证分析后发现女性担任高管在企业的研发投资和企业绩效之间具有显著的正向调节作用。曾萍等[217]以我国创业板上市企业为研究样本，研究显示不同行业中的女性高管对企业技术创新的影响存在差异。由上述文献不难发现，学者们关于女性高管对企业技术创新绩效的影响作用方面各执一词，产生这种截然不同的研究结果的原因之一是行业异质性导致的企业技术创新异质性。

（2）企业异质性

企业在制定创新决策时需要考虑企业实际特征和发展战略，企业异质性与技术创新绩效高度相关，已有文献研究重点主要集中于企业产权性质、企业规模和企业区位等方面。

① 产权性质

一方面，孙早等[218]学者认为国有企业因政府支持而拥有优越的研发环境，企业有更多的人才资源、较弱的融资约束、更强的抗风险能力等，并实证检验了国有股权占比上升对企业技术创新有显著的促进作用；另一方面，也有学者研究发现国有企业创新绩效明显弱于民营企业，表示国有企业僵化的管理制度可能导致管理效率低下和创新积极性不足，进而侵蚀企业的技术创新绩效[219]。Wang 等[61]使用负二项回归估计模型分析了我国风电产业政策对企业技术创新绩效的影响效果，对企业样本分组分析发现，风电产业综合政策和供给型政策对民营企业核心技术创新有较强的促进作用，需求型政策和环境型政策只是对国有企业非核心技术创新具有显著正向影响，但对民营企业核心技术创新具有显著的负向影响，说明风电产业综合政策和供给型政策可以有效提升民营企业创新质量，而需求型政策和环境型政策虽然可以引导国有企业创新，但国有企业为了“寻扶持”而增加创新“数量”的行为只是一种策略性创新而非核心技术创新。

② 企业规模

关于企业资产对创新活动的影响研究，研究得到的结论尚未统一。一些学者主张企业规模增大会引发机构臃肿、信息不对称等一系列阻碍企业技术创新活动的问题。相比之下，资产数量较小的企业研发创新决策主要衡量项目自身的可行性及盈利性，不易受社会关系影响，这必将成为激发中小企业技术创新的动力[220-221]。而有些学者认为大型企业的综合实力和整体声誉优于小型企业，在融资、获取创新资源以及风险承担等方面处于优势地位，相比之下，资产不足的小型企业可以选择投资的研发项目有限且创新活动带有赌博性，因而，大型企业更具创新能力[222-223]。由雷[224]在综述影响企业技术创新因素的文章中指出，企业资产对创新绩效的影响并非简单的线性关系，企业规模有一个临界值，当资产规模在阈值内时，两者之间才是正向相关关系。但也有学者提出不同意见，曾萍等[217]研究认为企业规模对技术创新绩效没有显著相关性。

③ 企业区位

功能边界与外部环境是影响创新活动的重要因素，企业应顺应调和，若能充分组织利用企业所处区位蕴含的资源，可促进产品创新活动[225]；Czarnitzki等[226]研究认为区位条件对企业技术研发绩效有显著的影响，不同的区位对高知识人才的吸引程度有一定差异，区位特征等外部环境最终通过人才、技术等因素影响企业最终市场技术创新绩效。

通过对研究文献梳理可知：已有文献分别实证研究了高管特征、企业异质性与技术创新绩效的相关关系，指出高管持股对技术创新绩效有提升作用；国内研究者也进行了积极有益的探索，对制造业上市公司进行研究，结果表明高管长期股权激励与短期报酬激励均对企业研发投入有正向促进作用，并且高管激励对于不同类型企业技术创新的影响作用有显著差异。然而高管持股和企业创新投入与产出的关系也不全为线性的，存在一个区间效应[206,208]，最佳阈值和区间范围因行业不同而有所差异。此外针对女性高管和企业技术创新绩效之间关系的研究结论也尚有争议，有些学者认为女性高管与技术创新绩效具有正向相关关系[212,227]，也有学者认为两者不存在显著影响[228]。现有研究从产权性质[61]、企业规模[221]和企业区位[61]等角度考察了企业异质性对企业技术研发绩效的直接影响作用，另有少数学者研究了间接关系。如易靖韬等[229]在探讨高管个性特征对技术创新绩效的影响时考虑了企业异质性的调节作用，但研究所得尚有争议，在不同行业中是否存在显著作用关系、影响程度及区间效应表现差异较大。与传统行业相比，风电行业等战略性新兴产业具有先导性、倍增性、辐射性和可持续性等特征，战略性新兴产业得以生存和发展的最基本条件是技术研发创新，每一次重大创新和突破都代表了技术和产业发展新方向，这不仅仅对企业绩效影响巨大，同时还对技术的跨界融合以及相关产业发展和提升意义重大，是我国创新驱动战略实施并引领经济增长的重要引擎。战略性新兴产业的蓬勃发展需要人力、物力、财力等大量创新资源的持续投入，这与企业创新战略有很大的关联，但追根究底依赖于企业高管决策，所以理清高管特征对战略性新兴产业技术创新绩效的影响机制迫在眉睫。近年来，战略性新兴企业高管特性与企业技术创新活动之间的关系已经引起学者们的注意：李云鹤[230]分析认为高管持股对战略性新兴产业的研发绩效没有影响。也有一些学者在研究我国战略性新兴产业中公司治理是如何影响企业创新的过程时得出不一样的结论：孙莹[231]以战略性新兴产业为研究对象，实证发现薪酬激励以及高管持股均与企业技术研发投入呈显著正相关；戚拥军等[202]认为公司必须及时调整治理结构与战略性新兴产业的特征相适配，并实证表明公司治理体系在国有企业和民营企业形式表现不同，在国有企业中高管持股对企业研发投入的调节作用高于在民营企业中。

综上，现存研究中行业异质性和企业异质性是引起企业高管特征对技术创新绩效有不同影响的主要因素，即使最新研究开始注意战略性新兴产业高管特征和技术创新绩效的关系，但研究结论莫衷一是；同时，现有研究虽有考虑高管特征对其影响，然而对于高管特征与企业异质性交互影响的研究寥寥无几。尽管有少数研究在非线性层面引入调节效应乃至中介效应企图揭示企业异质性的多维度特性对创新绩效的影响[206,227]，研究思路仍然停留在就环境而谈环境的阶段，不仅缺乏一个统一的框架思路，而且有必要引入创新政策，进一步丰富和完善企业内部组织环境对创新绩效的作用机理相关研究。本成果参考之前学者的研究思路，把女性高管占比加入高管特征对技术创新绩效影响模型，企业异质性作为调节变量，探讨风电产业高管特征、企业异质性与技术创新绩效之间的关系。

2.5.2.2 产业链因素

知识的强流动性、环境复杂性、风险资本家出现以及数据革命的崛起等背景都给传统创新方式带来了挑战，任何组织都不可能孤立地进行创新，都需要与外部环境接触[232-233]，而当前产业链中企业创新活动典型范式是以合作利益的分配为基础、企业为主体，政府、科研院、高等学府和其他中介组织共同互动、溢出和创造[234]。风电产业创新过程中，当利益分配不能符合心理预期时，容易出现信任度不够、自私行为等现象，影响开放式创新的稳定性，这就需要政府扮演引导创新方向、配置创新资源、刺激创新合作等角色，分析企业等主体对政策的反应，找出创新系统合作的条件，从而制定出有针对性的政策措施[235-238]。产业链因素主要包括企业间信任及企业间合作。

(1) 企业间信任

当前学术界对企业间信任与技术创新绩效关系的研究成果，多数集中在信任和企业间合作对绩效的影响。领导信任是影响企业创新与变革活动的一个显著因素，能够促进员工的积极性，提高工作表现特别是激发创新行为[239]，徐祎等[240]进一步研究认为组织间的信任尤其是对领导的信任和员工对新技术的信任，可以降低成员的风险感知性，并提高有用性感知水平，从而促进新技术的推广与使用。许多学者主张创新团队间的信任对创业成败与团队工作效率有举足轻重的作用。Pei 等[241]在文章中指出高度信任且稳定的团队成员关系是科技型企业生存和发展的关键因素；吕兴群[242]认为知识、信息、社会资本等资源在组织成员中的有效交流依赖于信任，资源共享促进了创业团队整体的创造能力和学习能力，从而提升了企业的创新绩效，同时较高的信任程度产生了较高的组织承诺，有利于促使团队成员利用外部网络去积极获取并快速调动有用的创新资源。除此之外，一些研究人员也认为企业间信任对顾客参与行为也有重要的影响，在消费者与企业之间建立信任引起了学术界的探讨[243-244]。

(2) 企业间合作

鉴于开放式创新是企业间合作的典范，因此现有的企业间合作相关研究多从开放式创新绩效提升视角进行探讨。

如何提升开放式创新的绩效，以往的研究分为微观企业选择和宏观政策改良两个视角。微观层面是基于企业选择视角，认为企业可以采取最小化损失和最大化独占知识产权的策略[245-246]，通过拓宽获取资源的途径[247]，尽可能获取伙伴企业资源[248]，提高外部资源的利用性[107]，以达到自身效应最大化。宏观层面是基于政策改良视角，定位在基础设施、税收优惠与金融支持等资源供给方面[249-250]。这两种视角实际上都是着眼于创新系统的局部，微观企业选择视角会强化企业的自私行为倾向，而政策改良视角缺乏微观分析基础使得政策针对性不足而效果有限。

一些研究认为应该将微观企业选择和宏观政策改良视角结合起来进行主体行为-政策措施分析，构建创新系统框架，如有关英国、德国和西班牙再生能源政策对于 TIS 影响的研究[251-252]。这一方法着眼创新系统的结构、主体间联系及创新系统功能，识别政策干预的起始点，阐述技术研发和市场转化成败的原因。然而，由于创新系统研究的重点是社会技术系统整体，虽然认识到了系统整体和部分之间的关联关系，但是忽视了合作行为以及技术创新的驱动因素，特别是对于政策措施如何参与和影响主体行为转变，以及对于其他功能的影响，缺乏足够的深入分析[253-254]。

2.5.2.3 区域创新环境

已有学者研究发现，风电产业创新政策对解决风力发电等问题有着重要的推动作用，也促进了国内外风电产业技术的革新和发展，很大程度增强了整个风电产业的技术创新绩效[255-257]。也有学者研究认为我国存在企业技术创新能力普遍不足与技术创新主体地位之间的矛盾，对于促进企业技术创新的政策的失灵问题亟待研究解决[258]，再者我国市场经济发展仍然不成熟，区域经济发展不平衡，巨大的区域环境差异给我国的政策实施带来了困难和不确定性[259]，因此研究政府扶持风电企业创新的产业政策受到区域创新环境影响是否存在“政策失灵”显得尤为重要[61,260-261]。

梳理国内外现有文献发现，国家颁布的产业创新政策影响了企业技术创新的速度和方向，这些政策可能通过作用于产业体系、消费者和公共服务需求来促进或抑制企业创新和经济发展[262-263]，一个关键原因是国家颁布的产业创新政策的有效性因当地创新环境不同而出现偏差，区域间资源禀赋和经济水平的差异影响了政府配置资源的行为，进而影响当地企业的技术创新活动[264]。一些研究人员开始着手研究区域创新环境对企业技术创新的影响效果，现有文献关于二者关系的探究多聚焦于国家层面或区域层面[265]。从国家层面分析，国家机构对市场配置资源行为和政府工作效率方面有影响[266]，国家机构质量的三个主要方面，即腐败治理[267]、法律环境[268]、政府监管[269]对企业的技术创新绩效提升具有重要影响[190]。在区域（省域）层面，许多研究学者也进行了许多积极有益的探索，研究发现区域创新环境会对企业创新绩效产生重要影响，区域创新环境中的文化环境、要素环境、政策环境、知识资本对企业创新绩效具有显著影响作用[270]。因此，如何使企业在政府产业创新政策作用下，增强企业创新意愿，进而将企业创新意愿转化为企业创新行为，即“政策感知—创新意愿—创新行为”模型[271]，从而提升企业创新绩效，需要考虑区域创新环境的影响作用，基于区域创新环境差异实施差别化的创新驱动战略和政策，以更好地发挥政府产业创新政策作用和提升企业创新绩效。

2.5.2.4 政策本身因素

政策的颁布与实施过程中充斥着各种矛盾，如政策冲突、政策重合、政策体系不完善不能衔接、政策不稳定、政策滞后且没有前瞻性等，这种碎片化现象不容忽视，会对政策的功效和执行效果产生影响。导致这些矛盾的原因大致有以下几个方面：首先，政府定位模糊，政府部门不仅是政策制定者还是市场监管者，也可能是利益相关者，这三重身份极可能导致政策的矛盾或重合；其次，部门分工带来的利益导向不同和绩效考核目标不同造成政策对立以及政策不能衔接配套问题，各部门因缺乏沟通、封闭运行而导致政策不协同、形不成合力；再次，中央与地方的目标不一致可能造成颁布的政策相矛盾或者严重影响政策体系的执行效果；最后，往往是新情况出现迫使国家出台相关临时性政策，条例完整性和前瞻性不足，因而政策偏向应急反应型。综上，行之有效的政策体系在很大程度上受到政策协同效果不确定性的影响。

宏观层面则基于政策工具改良视角，定位在基础设施、税收优惠与金融支持等资源供给方面[272]。科技政策可以向两个方向演变：其一是颁布更合理的政策工具；其二是延伸已有政策的作用范围，但政策无论是“深化”还是“广化”，都要着重关注政策间的相互影响、相互作用。过往文献对技术政策演化的分析基本聚焦于以下角度：体制改革、科技和经济的关系、科技发展、科学与技术和创新三种政策间的关系、政策外部性等。近年来，学者们开始关注政策工具组合效果，比如 Sandu 等[273]在文章中表示若一项政策的实施效果会受到其他政策的影响，就说明政策间是相互作用的；Flanagan 等[195]在已有研究基础上对政策组合重新定义，认为该理论框架应包含政策维度、政策来源与相互作用类型；刘凤朝等[274]指出政策只有适当组合才能实现激励效应的最大化，但由于缺少政策相互作用的理论分析框架，导致我国学者难以从政策协同视角综合分析科技政策；Wang 等[61]研究表明针对不同企业研发产出成果类型，不同政策组合效果存在显著差异；Caloffi 等[275]研究显示仅仅向中小企业提供技术和创新建议并不足以引起生产力的提高，但实施创新政策组合在提高中小企业的生产水平以及参与研发合作的倾向方面更有效；Che 等[276]实证发现城市层面的需求侧、供给侧和环境侧政策在城市光伏技术创新中发挥着重要作用，三类光伏政策的高度平衡可以使其创新效果更好；徐雨婧等[178]使用定性比较分析（QCA）的方法，以我国工业企业数据为例，研究证明进口鼓励政策与环境规制政策的组合实施比单一政策更能延长企业技术研发持续时间，对推动企业技术创新更有效。

上述两种视角实际上仅仅着眼于创新系统的局部，具有片面性——微观层面的企业选择视角会强化企业的自私行为倾向，而宏观层面的政策改良视角由于缺乏微观分析基础使得政策针对性不足、效果有限。实践中，德国、丹麦、英国、美国和印度等国都制定了以鼓励风电等产业技术创新的产生、扩散为目标的一系列制度、政策和机制，中国的风电产业创新政策对产业内企业的技术创新行为有一定诱导、协调和保障作用[277]。这些政策虽然刺激风电等可再生能源市场规模快速提升，但由于缺乏对互动环节的针对性，对产业创新绩效提升的促进作用有限。

综上所述，国内外学者关于创新政策有效性的评价体系尚有争论，还未形成一套广泛认可且行之有效的政策评估理论体系。现有学者们大都基于经济学的方法与角度对创新政策有效性进行评估，仅有少数学者探讨如何综合评价创新测度指标与公共政策，以及哪些因素会影响创新政策的制定和施行。此外，产业政策对政策实施主体的作用效果及作用机制如何也是现有研究中较为缺乏的问题。国外最新研究关注了政策组合概念，但仅限于概念的界定阶段；政策靶点的识别及在此基础上的政策组合方案的设计及政策组合效果研究尚未涉及，这将是未来研究的重点。创新政策实施效果的影响因素如图 2-2 所示。

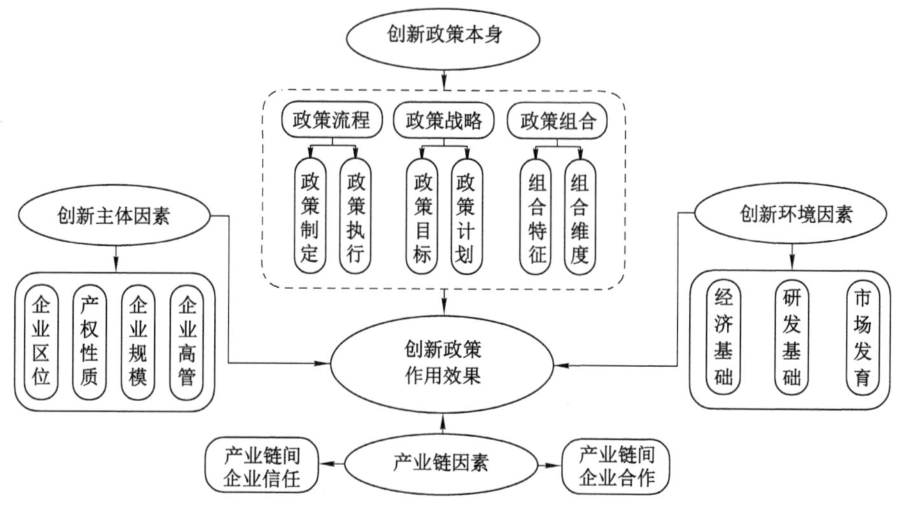

图 2-2 创新政策实施效果的影响因素

2.5.3 创新政策对企业创新绩效过程研究

资源基础理论与政策科学主张，企业创新动力的基本规律是关注外部环境的变化以及调整区域政策增强其对环境的适应性，区域科技创新政策重视创新技术的动态演进和转化。当下，中西方区域科技创新政策在企业创新和生产领域的作用机制研究多聚集于以下角度。

2.5.3.1 创新政策的作用主体

从创新利益相关者层面解析政府创新政策对企业技术研发投入的影响路径，供给型、需求型以及环境型政策对企业研发投入的激励主要是通过政策作用于利益相关者的“利益—权力”需求来实现的。Nybakk 等[278]采用发放问卷的方式收集数据并分析，结果显示区域科技创新政策对更具革新精神的企业的作用力更强；彭纪生等[175]选择 1978—2006 年为时间窗口，整理了政府推出的 423 项区域科技创新政策，以此为研究对象，采用定量方法分析了政策的演变轨迹，且在此基础上阐述了政策发布不同主体与科技政策工具目标协同对微观企业技术创新的影响。Tu 等[49]建立局部均衡模型，以电网公司、化石燃料电力生产商和可再生能源电力生产商为研究对象，探讨定价政策与补贴政策及其组合的有效性问题，研究表明，定价政策和补贴政策间存在政策互动效应：收紧碳排放上限，定价政策和补贴政策将产生协同效应，刺激企业开展低碳研发；而缺乏协同性视野的定价政策可能抑制碳减排行为和低碳技术的研发投入。Magro等[47]分别构建了单一政府-受益者、单一政府-多重政策制定者-受益者、多重政策制定者-多重利益相关者三种分析模型，探讨了政策制定者与实际创新活动承载者之间的互动关系。Jiang等[64]研究了政策颁布部门对风电产业创新效率的影响。

2.5.3.2 创新政策的作用效果

产业创新政策对风电企业创新绩效作用机理方面的研究多集中在财政和金融政策对企业创新绩效的研究方面，如代表学者高伟等[279]运用协整与误差修正模型和经典相关分析探讨了金融支持对技术创新的影响，实证发现：金融支持对风电企业技术研发有长期激励作用，政府补贴对风电产业专利产出有正向推动作用，银行信贷额对研发支出和固定资产投入具有正向推动作用，而股票市场对技术创新的作用不显著。Wan等[280]通过SAR Tobit计量经济模型并以中国高新技术产业为研究对象，研究发现税收优惠政策对沿海地区企业和内陆地区企业的研发技术效率有明显的挤入效应。

2.5.3.3 创新政策的作用点

Bessant等[281]提出政策有多重复杂性，企业应结合其具体状况衡量政策的适用性，决定是否接受政策，适用于企业的政策可以有效减轻信息不对称、实现资源供给与需求平衡、扩大市场势力、缓解融资约束、增加资金流、强化合作信任度以及激发企业的研发能力与管理创新能力。高伟等[282]主张政策的定位、目标、作用点不准确可能会导致研发扶持政策效果产生“挤出”效应，研究证实了企业所接受的研发资助与研发资金投入大概率是同方向变化的，然而技术创新绩效可能与之呈相反变动。这是因为研发资助的作用效果与研发团队决策密切相关，当研发团队愿意充分利用投入资金努力增加创新产出时，研发资助对技术创新绩效有明显的促进作用；与之相反，当研发团队决策态度较为消极时，研发资助与创新产出之间不存在明显的相关关系。

2.5.3.4 创新政策的作用过程

孔婕等[283]以深圳证券交易所中小企业板为样本，对我国的区域科技创新政策进行评估，结论为企业受惠政策作用时间越长，创新效果越显著，税收政策工具对3个产业的激励作用为正向，但非均质；傅利平等[284]认为政府补贴政策向企业内部研发投入和外部投资者传递了积极的信号，进而增加了企业创新产出，并且补贴政策对战略性新兴产业创新全过程均有影响；毛毅翀等[285]分析了创新补贴政策工具与企业创新投入的关系，实证结果显示政策通过影响企业研发投入强度对企业技术突破发挥作用。

2.5.3.5 创新政策的作用路径

王晓珍等[286]通过建立泊松回归估计模型，探讨风电产业政策对技术创新绩效的影响机制，实证结果表明政策不仅增加了风电企业内部研发资金的投入，而且有助于吸引外部资金流入企业，有效缓解企业融资约束压力，从而显著提升企业技术创新绩效；曾繁华等[287]认为培育类产业政策促进中小企业创新绩效提升主要是通过增强研发意愿、推动知识人才聚集、提升市场关注度等途径发挥作用；谢林海等[288]研究发现研发投入在政策与企业创新之间发挥的中介效应因企业异质性而存在差异。

3 理论分析框架及作用机理研究

3.1 理论关系与分析框架设计

3.1.1 逻辑推演及理论关系模型

风电产业创新政策对企业创新绩效的作用机理研究，对于厘清我国风电产业创新政策的作用路径、影响因素进而揭示政策效果“黑箱”具有重要意义，也是后续政策靶点选择和政策组合方案选取的重要依据，是本成果需要解决的关键问题。现有相关研究大多基于政策发布内容层面展开单变量研究，未从整体上进行系统剖析，不足以解释我国风电产业创新政策效果的“黑箱”问题。因此，现有政策体系的完善、政策靶向精准性的提高首先需要对风电产业创新政策体系作用全过程做系统研究，从而确定政策修订方案。传统政策扩散理论更多关注的是同一创新政策在不同政府主体间扩散和传导，而对不同战略性质的政策在不同层级、不同主体的扩散及在此基础上的衍生扩散关注较少，这一过程实则为政策体系形成过程，即政策宏观扩散过程，也是创新政策从宏观到微观渗透的前提，没有政策体系的形成，政策的作用效果就无从谈起。

基于此，本成果从风电产业创新政策的扩散传导过程入手，探究风电产业创新政策对企业和创新绩效的作用机制，即从源头政策在各级政府相关部门（国家各部委、地方政府各部门）的横向和纵向扩散到政策体系形成为第一阶段，即政策宏观扩散传导过程；对企业创新绩效的作用过程为第二阶段，即企业内部作用过程，具体研究思路是将风电产业创新政策作为自变量、关键影响因素作为中间变量、风电企业创新绩效作为因变量，实证分析风电产业创新政策对企业创新绩效作用机理问题。结合以上两阶段分析结果，系统梳理我国风电产业创新政策从宏观到微观渗透的全过程，为后续政策靶点选择、政策组合方案设计和筛选奠定基础。

宏观创新环境中，风电产业创新政策从横向和纵向两个视角进行渗透：横向渗透路径主要基于国家创新系统理论，创新政策在国家各部委间横向渗透；纵向渗透路径主要基于区域创新系统理论，创新政策遵循“国家—省域—地级市—企业”这一路径进行纵向渗透，且横向渗透路径中的创新政策对纵向渗透路径中的省域创新政策产生交互影响。基于开放式创新系统理论，创新政策对企业创新绩效的作用路径受企业所处的组织环境影响：宏观视角下受国家创新战略影响，中观视角下受区域创新环境影响，微观视角下受企业决策团队和企业特征影响。

基于政策传导及影响因素分析，本成果探测我国风电产业创新政策对企业创新绩效作用效果的关键靶点，围绕关键靶点提出若干政策组合方案，并通过构造交互项、运用回归分析法，最终筛选出我国风电企业创新绩效提升的最优政策组合方案。理论关系模型如图 3-1 所示。

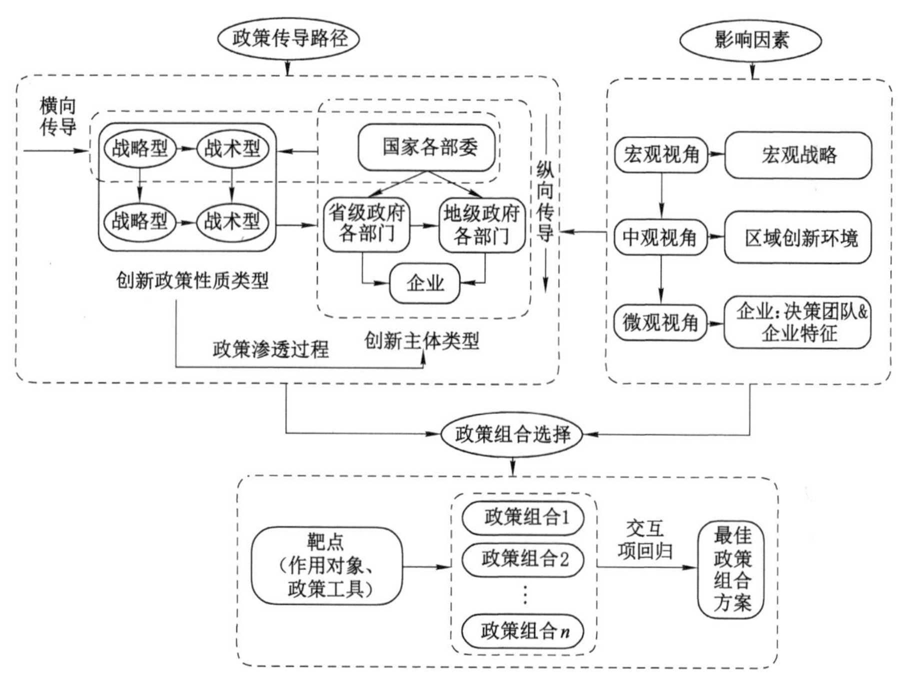

图 3-1　理论关系模型

3.1.2　政策体系的分析框架设计

越来越多的学者开始关注政策的作用效果以及在不同产业的作用机制问题[1,17,48,289-297]，但是关于政策效果的分析尚未有统一框架和模式。

就目前已有文献看，多数学者通过对政策工具的作用效果分析，基于政策发布内容层面展开对政策发布内容的梳理来分析政策效果，其中最具影响的莫过于“需求面—环境面—供给面”三维度的划分法[298]；此后，我国多位学者将Rothwell等提出的政策发布内容三维度研究思路进行丰富，并将其运用到政策工具绩效的实证研究中。如贾永飞等[299]将政策发布内容三维度研究与技术创新价值链各环节相结合，对我国创新政策工具进行有效性研究。程华等[300]从政策发布内容三维度研究了政策工具对我国工业行业研发绩效的影响，在此基础上研究了政策力度、稳定性和创新绩效的关系。黄萃等[301]探讨了政策发布内容三维度与产业发展阶段（技术、产品、市场）的互动关系，并丰富和完善了技术路线图相关研究。Kern等[302]从“经济手段—强制手段—自愿手段”三维度划分能源政策类型，并对政策组合对社会能源结构转型有效性的影响进行了广泛探讨。宋敏等[303]通过构建三维研究分析框架探讨了政策工具的分布在数量和组合结构上的区别。

除政策内容层面以外，政策工具的其他层面一直有学者关注，如Schneider等[304]的理论分析认为，政策发布内容层面的研究需要结合政策实施环境系统进行分析，切忌孤立地研究政策发布内容，政策效果应从政策目标和政策工具及其联系角度分析；彭纪生等[175]基于我国行政权力结构特点，将政策发布内容层面与政策力度层面的研究相结合，同时兼顾了政策发布形式问题；Jiang等[64]从相对效率的角度评估了中国风电行业的创新政策，在关注政策发布内容层面的同时，关注政策发布部门及政策执行方面的有效性；Wang等[61]则将企业产权性质和区位差异纳入考量。

尽管到目前为止业界关于政策效果分析仍未提出一个明确的方法论框架，但政策发布内容、措施是政策效果分析中普遍认可的；而根据Schneider等[304]的观点，政策本身就是目标、政策实施部门（管理者）、政策发布内容（手段）的综合体，对政策的研究应该考虑以上三要素；Peters等[305]同样认为政策分析者需要考虑政策工具、政策问题和政策管理三者之间的匹配。不难发现，虽然缺乏明确统一的方法论框架，但已有研究结论都认为政策工具作用效果评价具有系统性、全面性和匹配性，“围绕政策发布内容、兼顾政策实施环境”的特征日益凸显[261,306-309]。

基于以上分析，本成果认为政策工具作用效果的研究框架应该首先包含政策发布内容、政策实施部门及其匹配问题；其次，与法政环境成熟完备的西方国家不同，我国政策发布形式并非与政策实施部门一一对应，政策发布形式和政策实施部门的多样化导致政策效果测量的复杂化，即同样的政策内容不同的政府部门发布其政策力度和效果可能存在明显差异，仅仅依靠对政策发布内容和政策实施部门两个层面的分析难以科学测量政策效果目标。

已有研究表明政策的效力与类型有关，不同类型的政策对同一目标的作用效果差异显著，政策越具体其促进企业技术创新的效果越显著[59,258]，因此有必要将政策类型纳入政策分析框架设计中。本成果根据政策在整个体系中的作用，将风电产业创新政策分为战略型和战术型两大类，其中战略型政策主要是关于风电产业创新发展方向、发展规划类的政策，战术型政策主要指具体的、功能性的政策。考虑到上述我国政策发布的“政出多门”现象以及产业转型升级的特殊时期，本成果将政策的战略地位和性质（战略型 S_1、战术型 S_2）引入政策分析框架，从政策发布内容、政策发布形式、政策力度及政策发布主体四个方面构建风电产业政策体系分析框架，简称 S-COPA 框架；在此基础上从国家/地方、发布/执行以及历史演进三个视角对我国现行风电产业创新政策体系进行多角度分析，具体思路如图 3-2 所示。

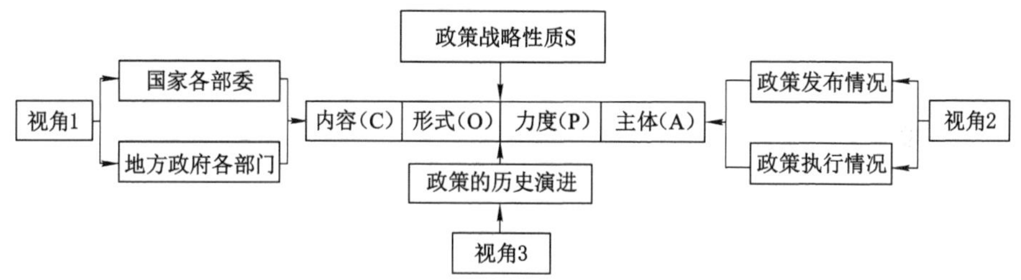

图 3-2 风电产业政策体系分析思路图

3.2 政策的传导机理分析

传统政策扩散理论更多关注的是同一创新政策在不同政府主体间扩散和传导，而对不同战略性质的政策在不同层级、不同主体间的扩散及在此基础上的衍生扩散关注较少。实际上，国家相关部门一项重要政策的出台对其他部委和地方政府均具有示范和引导作用，通常权威部门政策发布后会引起其他各部门、各地方政府的连锁反应，同时也会在地方政府各部门之间传导。已有经验研究均显示：源头政策往往具有宏观战略性和方向性，而后续政策往往是配套政策或者具体细化政策，具有明显的战术性。为此有必要对政策的传导及扩散进行梳理，解析风电产业创新政策体系的形成过程，为后续政策靶点和政策组合方案的提出奠定基础。

基于此，本成果从政策性质（战略型 S_1、战术型 S_2）、部门层级（国家各部委 $G_{1\cdots N}$、地方政府各部门 $L_{1\cdots N}$），基于横向和纵向两个维度，以政策发布时间的序贯性视角探讨我国风电产业创新政策的传导及政策体系形成过程，具体形成过程如图 3-3 所示。

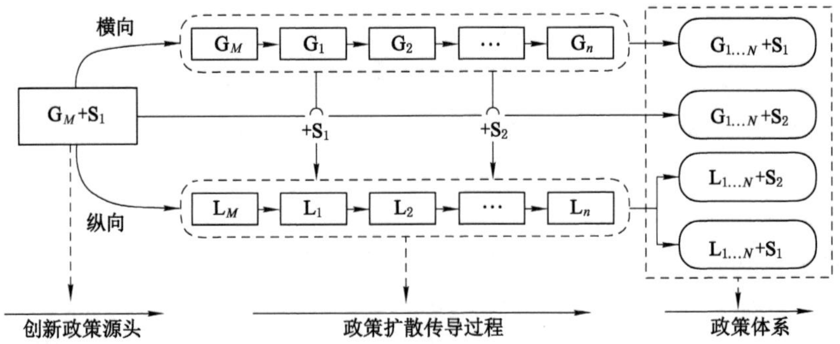

图 3-3　时间序贯视角的政策传导及政策体系形成过程图

4　我国风电产业创新政策现状分析

4.1　风电产业政策梳理及量化

本成果共收集了我国部委级别及以上级别部门发布的截止到 2020 年之前的 321 项风电产业政策。因涉及风电产业的政策数量众多，为确保政策的无缺漏和准确性，本成果依据“分别查找、交叉检验、最后汇总”的原则搜集整理风电产业政策。具体依据为：发布部门为部委级别及以上级别部门；政策文件提及风电、风能或可再生能源。政策类型限制为法律、法规、规范性文件。

4.1.1　政策发布内容(C)

在政策发布内容维度，根据政府在风电产业发展和在风电产业政策中所扮演角色的不同，本成果首先将风电产业政策分为十二小类(图 4-1)，随后依据具体研究方法及研究内容需要，重新将十二小类政策工具组合并划分为若干大类，如引导型政策、支持型政策、规范型政策。鉴于政府在风电产业政策中的角色只有分工不同，没有高下之分，且可以同时扮演多重角色，本成果对政策发布内容维度进行“0—1”式变量赋值。

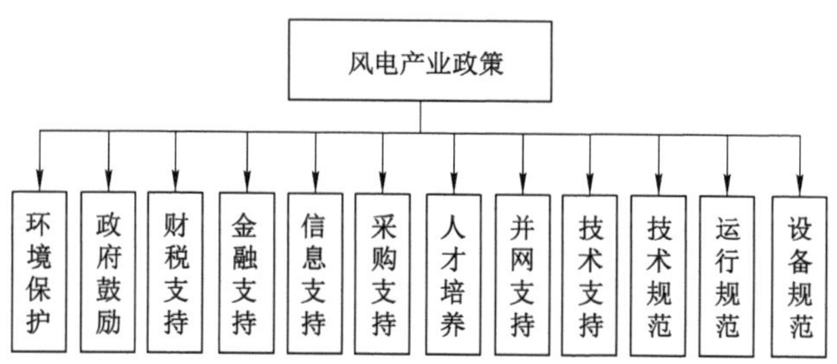

图 4-1　政策发布内容分类

4.1.2　政策发布形式(O)

在政策发布形式维度，我国部委级别及以上级别的各级政府都可能发布各种形式的政策，比如，通知、意见、规定和法律等。参考彭纪生等[175]在技术创新政策演进研究中的做法，根据政策形式对应法律地位的不同，本成果对风电产业政策形式进行评分，如表 4-1 所示。分值越高，表示对应的政策形式的级别越高。不难发现，与政策发布内容不同，政策发布形式的赋值在各选项之间是排他的。

表 4-1 政策发布形式分类

分值	政策发布形式
5	全国人民代表大会及其常务委员会颁布的法律(简称法律)
4	国务院颁布的条例、各部门的部令(简称条例部令)
3	国务院颁布的暂行条例/意见/规划，各部门的条例、规定(简称意见规定)
2	各部门的意见、纲要、规划、办法、暂行规定(简称办法)
1	通知

4.1.3 政策力度(P)

在政策力度维度，借助 Libecap[310]研究经济变量和政策演进构造法律变革指数的思想，参考彭纪生等[175]研究我国技术创新政策演进构建政策效度的标准，本成果将风电产业政策按照政策实施力度进行评分。根据风电产业政策在二级内容分类中实施力度的不同，本成果将风电产业政策内容分类定级，分别赋予不同的分值(1～5)，分值越高，政策力度越大。表 4-2 给出了图 4-1 中各项政策发布内容对应的力度分值。与政策发布形式类似，政策力度的量化在各选项之间也是排他的。

表 4-2 政策力度分类

分值	力度描述
	环境保护
5	制定保护环境的法律，将发展风电作为保护环境的一项措施
4	在风电产业相关政策中，视保护环境为国家战略(可持续发展战略)
3	在政策中提倡环境保护，且说明发布此政策的一个出发点是保护环境
2	在风电场的建设过程中要注意环境问题
1	在政策中提到环境保护，但只是一笔带过
	政府鼓励
5	为了发展风电，发布关于风电产业具体优惠政策(财税/金融/价格)
4	采取强制措施发展风电产业

表 4-2(续)

分值	力度描述
3	将风电产业作为新兴的经济增长点,并有相应的激励措施
2	鼓励发展风电产业
1	提到对风能进行开发、发展风电产业
财税支持	
5	满足以下 2、3、4 分值条件中两个或两个以上
4	在政策中规定国家对风电设备制造企业、风力发电厂减免税收
3	财政对可再生能源项目贷款进行贴息
2	设立可再生能源发展专项资金、风电产业专项资金
1	在政策中提到利用财政或税收政策支持风电产业发展
金融支持	
5	满足以下 2、3、4 分值条件中两个或两个以上
4	政策规定金融机构对风电设备制造企业或风电场提供低息贷款、优先贷款
3	政府或社会资本对风电产业贷款进行担保
2	为风电设备制造企业/风电场拓宽融资渠道(股票、债券、民间投资)
1	提到采用金融手段支持风电产业发展
信息支持	
5	满足以下 2、3、4 分值条件中两个或两个以上
4	风能资源评价、风电场预可行性研究
3	对风能资源进行调查并公布
2	制定风电中长期发展规划
1	制定可再生能源产业发展指导目录
采购支持	
5	满足以下 2、3、4 分值条件中两个或两个以上
4	规定风电场内,风电设备国产化率要达到一定比例以上
3	禁止风电设备的地方性贸易保护;对采用国产发电设备的风电场,有相应财税、金融优惠
2	风电设备招标采购要严格按照《中华人民共和国招标投标法》及有关规定开展,公平、公正、开放的采购环境
1	重视风电设备国产化
人才培养	
5	满足以下 2、3、4 分值条件中两个或两个以上
4	依托高等院校、研究单位培养高级风电技术人才;引进人才

表 4-2(续)

分值	力度描述
3	将可再生能源知识和技术纳入教育，在高等、中专学校设立相关课程
2	探索建立人才培养体系，规范风电从业人员培训
1	提及风电相关人才培养
	并网支持
5	满足以下 2、3、4 分值条件中两个或两个以上
4	全额收购电网企业覆盖范围内可再生能源并网发电项目的上网电量；监督电网企业，对不收购风电的电网企业，承担对风电场的赔偿责任
3	对风电电价进行补贴，高于常规能源平均上网电价计算所发生费用的差额，附加在销售电价中并在全社会分摊
2	风电配套电网建设工作；加强风力发电与电网的衔接；风电销售
1	提到对风电企业的并网问题进行解决
	技术支持
5	满足以下 2、3、4 分值条件中两个或两个以上
4	激励国内企业开展风电技术自主创新；对风电关键技术进行研发；合作研究及合作生产
3	风电相关技术研发列入科技发展专项；支持风电设备国产化并且可能有资金扶持
2	选择性引进风电产业相关技术；对引进的国外先进技术进行消化、吸收、再创造；提倡技术交流
1	提出对风电相关技术进行研发
	技术规范
5	满足以下 2、3、4 分值条件中两个或两个以上
4	风电设备需要进行检测、认证，风电整机和关键零部件必须通过国家认可的检测
3	风电标准体系建设，行业标准的修订、整合和完善
2	风电产业相关技术标准
1	提出对于风电设备或风电场建立相关的技术标准
	运行规范
5	满足以下 2、3、4 分值条件中两个或两个以上
4	开展风电开发建设、设备运行、并网运行等重要信息的检测和评价工作，风电场运行调度管理；风电场安全管理
3	对风电场发电量、机组运行情况、价格等进行记录
2	对风电场运行进行宏观指导(运行管理方面)、监督
1	提出要建立风电场运行规范

表 4-2(续)

分值	力度描述
	设备规范
5	满足以下 2、3、4 分值条件中两个或两个以上
4	提出风电设备市场准入标准，规范风电设备市场
3	披露风电设备市场信息，限制风电设备行业产能
2	质量规范，加强质量控制，提高产品质量
1	提及规范风电设备的质量，规范风电设备制造市场

考虑到风电产业政策实施不仅作用到当年，其作用效果还会延续至这项政策被废除之前的年份，因此，我们进一步将风电产业政策力度分成风电产业政策发布力度和风电产业政策作用力度进行考察。

正式地，令 p_t 表示风电产业政策在第 t 年的发布力度[见式(4-1)]，P_t 表示风电产业政策在第 t 年的作用力度[见式(4-2)]，其中 t 表示年份，$t \in R^+$；i,j 分别表示发布和失效的风电产业政策($i,j \in R^+$)，w_{it} 和 v_{jt} 分别表示第 t 年发布的风电产业政策 i 的政策力度($w_{it} \in \{1,2,3,4,5\}$)和第 t 年失效的风电产业政策 j 的政策力度($v_{jt} \in \{1,2,3,4,5\}$)，h_{it} 和 g_{jt} 分别表示第 t 年发布的风电产业政策 i 和取消的风电产业政策 j($h_{it}, g_{jt} \in R^+$)。

$$p_t = \sum_{i=1}^{N_t} (w_{it} h_{it}) \tag{4-1}$$

$$P_t = \begin{cases} p_1, & t = 1 \\ P_{t-1} + p_t - \sum_{j=1}^{E_t} (v_{jt} g_{jt}), & t > 1 \text{ 且 } t \in R^+ \end{cases} \tag{4-2}$$

4.1.4 政策发布主体(A)

即便本成果只讨论部委级别及以上级别部门，相比政策发布内容、政策发布形式和政策力度，风电产业政策发布部门仍显复杂。此外，相比彭纪生等[175]的研究，风电产业政策涉及的部门较多，有的部门之间存在直接的上下级隶属关系，而且有的部门还存在历史沿革问题[比如国家计划委员会(以下简称计委)与国家发改委，国家经济贸易委员会(以下简称经贸委)与发改委、商务部等]，这些都增加了本成果的研究难度。对此，基于部门的行政职能划分和研究意义考虑，本成果暂时忽略部门的历史沿革问题，一律按职能“归口”为 2020 年年初尚存在的部门；同时，鉴于国务院和发改委的行政权力和特殊地位，本成果将其与发布风电产业政策最多的国家能源局和国家电力监管委员会（以下简称电监会）一起作为发布风电产业政策的四个代表性部门，而将剩下的风电产业政策发布部门统称为其他部门。虽然四个代表性部门之间存在行政级别上的高低，但是笔者认为对其进行行政级别比较会诱导研究人员和政策制定者“往上看”的心理，不利于客观分析政策效果，故本成果仍然采用“0－1”式的赋值方式。最后，考虑到政策联合下发的情况，本成果允许政策发布部门维度在各选项之间的非排他；同时，由于本成果的重点在于四个代表性部门，故在“其他部门”选项中不再体现数量区别。

4.2 风电产业政策演进的分析

4.2.1 政策发布内容演进

由图 4-2 可以看出，所有类型风电产业政策中，按照政策作用力度的强弱排序，前五项依次是政府鼓励、技术支持、并网支持、运行规范和信息支持，表 4-3 和图 4-3 所列分别为这五项主要政策类型 1994—2020 年的发布数量和占比情况。1994—2001 年，在风电产业发展的初期，风电产业政策发布的着眼点分为两方面：第一是政府通过对风能资源进行勘察、评价并公布信息，鼓励风电产业发展；第二是支持风电技术的开发。鉴于风能资源的分布情况在风能开发利用中处于基础性地位，而风电相关技术的掌握对我国风电设备国产化、提升我国风电产业创新能力具有重要意义，各部门为扶持风电产业发展而迈出的这个第一步无疑是正确的，也是很有必要的。然而，对于在经济管理层面最为重要的并网问题，各部门重视不够。

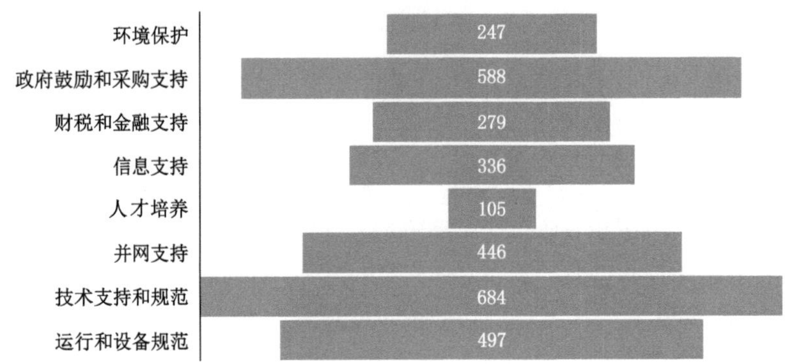

图 4-2 风电产业政策发布内容及其作用力度

表 4-3 风电产业政策主要政策发布数量

年份	政府鼓励	技术支持	并网支持	运行规范	信息支持
1994	2	2	1	1	2
1995	2	1	0	1	1
1996	1	1	0	0	0
1997	2	1	0	0	1
1999	2	1	2	0	1
2000	0	2	0	0	0
2001	2	3	0	0	1
2003	1	0	0	0	2
2004	1	0	1	0	3
2005	5	4	3	1	5
2006	4	5	4	1	1
2007	5	2	3	1	0
2008	1	2	2	0	1
2009	5	2	5	4	1
2010	2	3	5	3	2
2011	6	11	5	5	2
2012	9	10	7	7	4
2013	9	3	11	7	2
2014	13	2	8	3	0
2015	15	3	7	3	4
2016	21	7	11	11	8
2017	15	0	9	10	7
2018	5	0	6	8	6
2019	7	0	4	9	6
2020	9	2	4	4	1

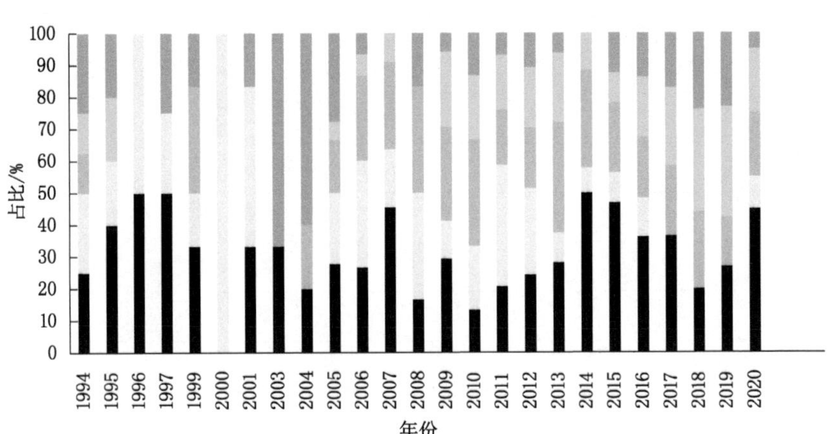

图 4-3 风电产业政策主要内容占比

我国自发布《中华人民共和国可再生能源法》(以下简称《可再生能源法》)后，除信息和技术方面予以继续支持以外，风电产业还得到了各部门并网方面的大力支持。自 2004 年开始，我国政府已逐渐意识到解决风电并网问题的紧迫性，颁布了多项政策，在一定程度上缓解了并网问题。但因风电企业与电网企业的利益分配不均等原因，并网问题并没有得到彻底解决。

2005 年后，除风电并网的瓶颈以外，在风电产业快速增长背景下被掩盖的风电产业运行规范程度低的问题也逐渐暴露出来，主要表现为风电设备质量参差不齐、产能过剩、风电场无序开发。因此近几年我国风电产业政策主要侧重于解决风电并网和风电场运行中存在的问题。

根据产业政策文件涉及的内容，本成果将风电产业政策划分为引导型（政府鼓励和环境保护）、支持型（政府鼓励、财税支持、金融支持、信息支持、采购支持、人才培养、并网支持、技术支持）和规范型（技术规范、运行规范、设备规范），图 4-4 为三类产业政策自 1994—2020 年力度变化趋势。可以发现，早期支持型政策偏向明显，国家侧重于通过资金、人才、采购等措施促进风电产业发展。相比较而言，在这一阶段，引导型政策力度较弱，未成为主流政策工具，甚至在 1996 年、1997 年、2000 年和 2004 年政府未出台任何引导型政策文件。自 2005 年开始，该情况发生些许改变，引导型政策力度显著增强，但是存在波动，并非呈线性递增趋势，这也比较符合政策设计目标，即根据产业发展需要动态调整政策工具。同一时期，政府开始强化对风电产业的监管力度，颁布一系列规范型政策对风电企业设备运行、产品质量、营运规章等关乎产业安全发展问题加以约束和调整，督促企业达到各级政府的要求和市场准入标准。总体来看，我国风电产业政策以支持型政策为主导，引导型政策和规范型政策辅之。

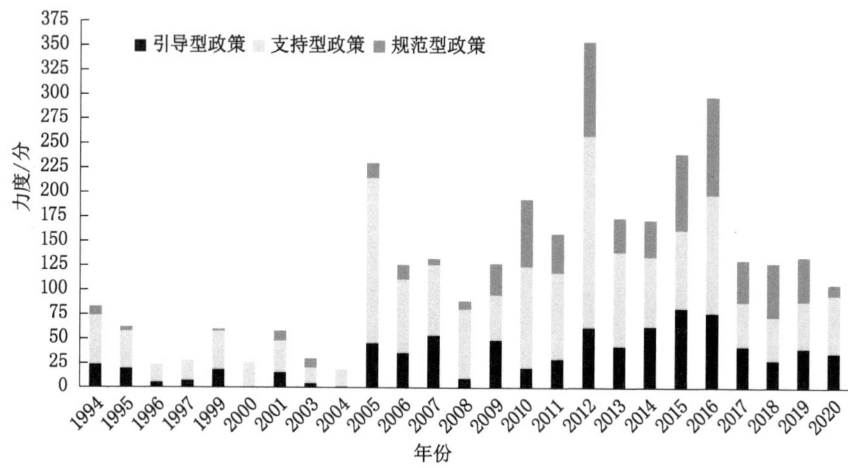

图 4-4 不同政策类型历年力度演进——依据政策发布内容性质分类

4.2.2 政策发布形式演进

不考虑不同时期发布政策数量差异，由表 4-4 和图 4-5 可看出：2000 年以前发布的政策以赋值为 2 的较低级的“办法”为主，而赋值较大的政策占比较小，例如意见规定、通知、法律仅占很小一部分；自 2001 年开始，“通知”类赋值为 1 的低级政策数量呈周期式增长且占比较大，“办法”类政策较前期稍有减少；随后到 2005 年发布形式增加到“通知”“办法”“法律”“意见规定”四类。但结合具体的政策进行比对，整体趋势来看，仍是低等级的政策数量较多，原因可能是我国政府在支持和规范风电产业发展方面大多采用较为“温和”的政策，政策的力度较低，缺乏有效监管，即使这些政策发布的目的是积极的，但实行的效果差强人意。我国政府在快速增长期发布多项赋值为 5 的政策且多为诸如信息支持、并网支持等支持型政策，支持风电产业快速发展的同时却没有发布强有力的监管政策予以产业规范，仅电监会发布多项通知规范产业发展，但由于电监会的尴尬定位，近几年较为严重的问题逐步显现并愈加严重。

表 4-4 不同时期发布的不同形式政策数量

年份	通知	办法	意见规定	条例部令	法律
1994	0	1	2	0	0
1995	0	1	0	0	1
1996	0	2	0	0	0
1997	0	2	0	0	0
1999	1	1	0	0	0
2000	0	2	0	0	0
2001	1	3	0	0	0
2003	2	0	3	0	0
2004	3	1	0	0	0
2005	5	3	1	0	1
2006	1	7	1	0	0
2007	1	6	0	0	1
2008	4	4	0	0	0
2009	8	3	1	0	2
2010	6	3	2	0	1
2011	6	15	0	0	0
2012	9	17	3	0	0
2013	20	7	0	1	1
2014	12	6	1	0	1
2015	15	2	10	1	1
2016	23	13	1	0	1
2017	15	8	0	0	0
2018	8	4	0	1	1
2019	8	6	1	0	1
2020	10	2	2	0	0

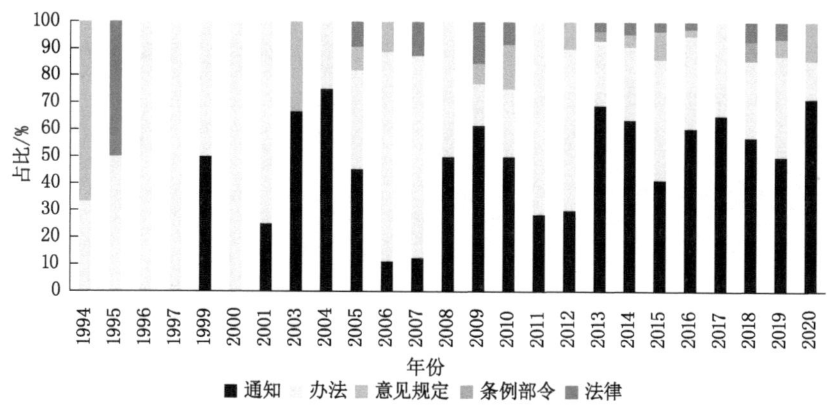

图 4-5 不同时期发布的不同形式政策占比

4.2.3 政策力度演进

考虑到某一年发布的政策不仅作用于本年，还会作用到政策失效之前的年份，本成果将风电产业政策力度分为政策发布力度和政策作用力度两方面。在衡量政策发布力度时，可以从政策流量角度直观分析风电产业在不同年度受重视的程度；相应地，采用政策累加的方式考察政策作用力度，可以从政策存量角度更好地刻画风电产业发展的历史演进。

4.2.3.1 政策发布力度

就政策当年发布数量（图 4-6）来看，1994—2004 年我国年均仅颁布 2.67 项风电产业政策，明显偏少，这种风电开发政策的不连续性与当时政府机构改革、相关主管机关频繁更换交叠的时代背景密切相关。而 2004 年之后，风电产业逐渐受到重视，各类机构颁布的风电产业政策数量呈现高速增长趋势，以 2004—2006 年、2008—2009 年、2010—2012 年、2014—2016 年的风电产业政策颁布较为明显。我国在 2005 年颁布《可再生能源法》，并于 2006 年 1 月 1 日正式实施，为我国风电产业发展提供了相关法律基础，进而形成了以《可再生能源法》为核心的一系列较为完善的法律体系。此后，我国颁布的风电产业政策数量上升趋势加快，利好政策不断出现，风电产业快速发展。从 2009 年开始，我国政府为实现哥本哈根会议上“碳减排 20%”的承诺，对可再生能源尤其是风能的重视程度“再上一层楼”，进一步加快了风电产业政策的发布。然而，2014 年我国签署《巴黎协定》（*The Paris Agreement*）后，风电产业政策数量和力度均有一定程度震荡，并呈现下滑趋势，2017—2018 年的风电产业政策颁布数量下降较为明显。这很大可能性是由于 2017 年之后政策出台主要以多部门联合形式发布，说明我国风电产业的发展具有较强的不确定性，未来政策倾向及力度将持续发生较大波动。

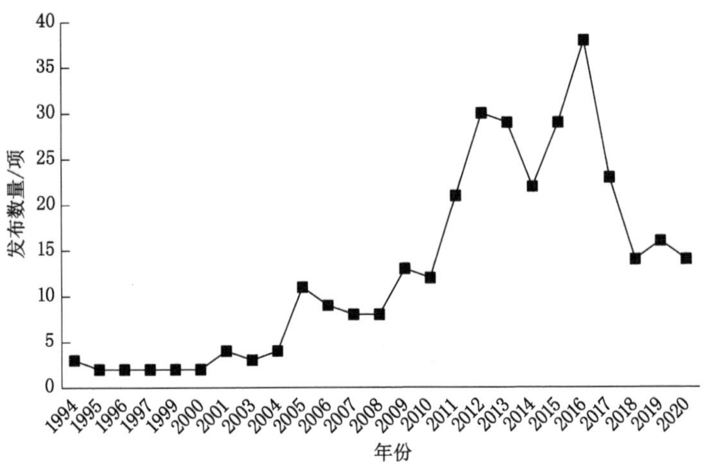

图 4-6　我国风电产业政策：发布数量(当年)

总体来看，政策发布力度(见图 4-7)与政策发布数量的动态演进规律类似，这是由于前期产业政策颁布以通知、办法等赋值较低的“低级”形式为主，政策作用力度较弱；2004 年之后，风电产业逐渐得到政府重视，使得政策形式增加，各类机构颁布的风电产业政策数量及其作用力度呈现高速增长趋势；2017 年之后虽然政策数量减少，但多部门联合颁布的政策等级较高、效力较大，使得政策发布力度虽然有所下降但作用力度仍然较强。

4.2.3.2　政策作用力度

图 4-8 和图 4-9 显示，从 2004 年开始，我国风电产业政策作用力度和政策数量呈现快速增长趋势，表明风电产业政策红利开始显现和释放。具体而言，在过去 20 年中，我国风电产业政策的作用力度年均增长 19.9%，势头迅猛。但是在 1994—2004 年的 10 年间，不仅我国风电产业政策涉及的相关部门较少，而且尚未把风电作为一项重要的战略资源加以开发利用，只是科学技术部(以下简称科技部)、经贸委等部门从技术开发、项目投资的角度出发进行的某种“多元化”尝试，所以在风电产业政策发布时断时续的同时也造成了风电产业政策作用力度的徘徊不前、进步缓慢。从 2004 年开始，以发改委、电监会、能源局为

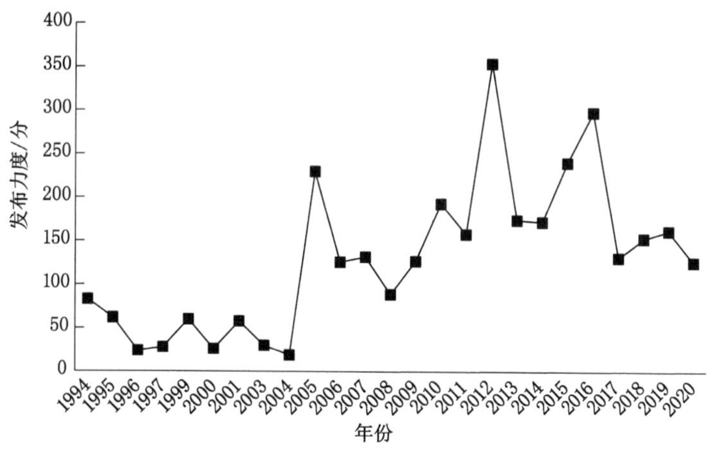

图 4-7 我国风电产业政策：发布力度（当年）

代表的一批掌握雄厚资源的部门相继关注风电产业，在陆续发布相关政策的同时，客观上营造了一种开发利用风电的长效机制，共同推动了风电产业政策作用力度的上升。从 2017 年开始，政策发布较多以多部门联合形式发布，导致我国风电产业政策数量减少，但由于多部门发布的政策形式不局限于通知、办法等，而是级别较高的法律、条例部令等，因此我国风电产业政策数量虽有所减少，但政策作用力度仍呈上升趋势。

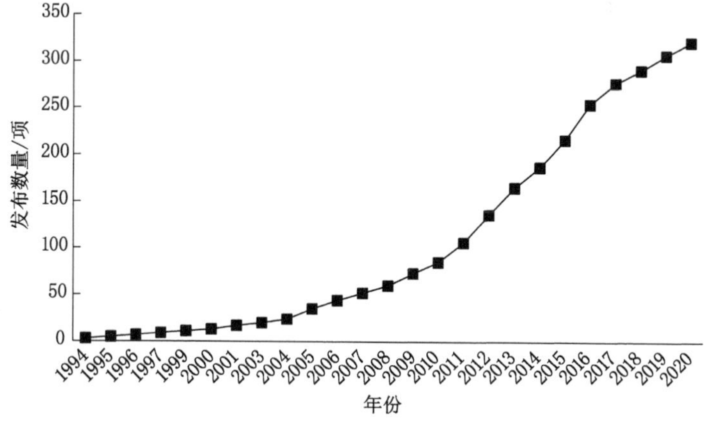

图 4-8 我国风电产业政策：发布数量（累加）

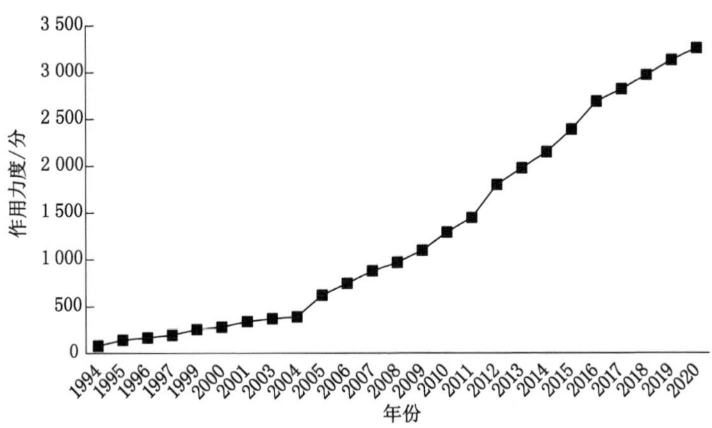

图 4-9 我国风电产业政策：作用力度(累加)

4.2.4 政策发布部门演进

图 4-10 显示，参与颁布风电产业政策的政府机构数量渐增。国土资源部在 2010 年颁布的《国土资源部关于改进报国务院批准城市建设用地申报与实施工作的通知》中提到要控制风电设备的建设用地以解决风电设备制造业的产能过剩问题；对于风电项目建设过程中存在森林资源的破坏问题，国家林业局于 2013 年颁布《国家林业局关于从严控制矿产资源开发等项目占用东北、内蒙古重点国有林区林地的通知》予以解决。通过研读这两项政策及政策发布背景，发现国土资源部和国家林业局在风电产业政策制定方面未存在交集，而是在各自职责范围内颁布相应政策进行约束和规范。风电产业快速发展形势下规范政策的制定处于落后水平，政府机构制定扶持风电产业发展的政策时，往往是事后控制而缺乏事先预防，没有注意风电产业快速发展所导致的问题。由于风电产业相关问题没有被重视并及时解决，致使风电产业的主管机构已不能独立地对问题予以解决，需要相关方面的政府机构协助其解决问题。结合图 4-11，纵向对比可以发现，2004 年之前，政策以单一部门发布为主，仅个别政策是由多部门联合出台；自 2005 年来，各年度联合颁布政策出现较为明显的波动性增长；2016 年后我国颁布风电产业政策的部门未出现新增，可能的原因是政策发布由以单一部门发布为主、多部门协作为辅的形式演进为以多部门联合发布为主，单一部门发布的政策数量减少[311]。

图 4-10 和图 4-11 显示，从政策发布主体数量来看，共计 22 个部门参与到

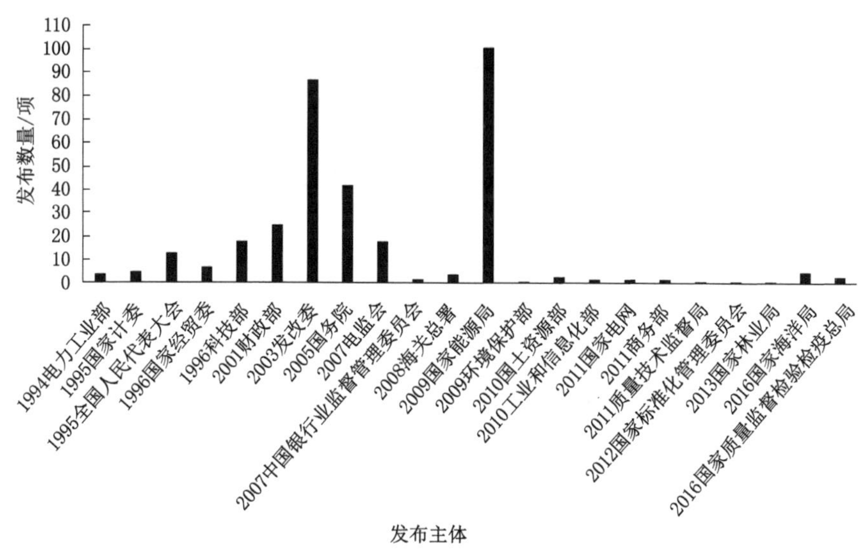

图 4-10　风电产业政策的发布:主体和数量

注:机构名称前的数字代表该机构发布第一项政策的年份。

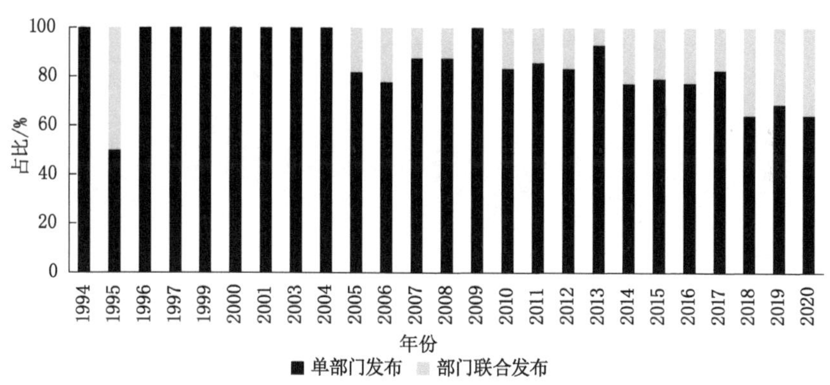

图 4-11　风电产业政策的发布主体占比

风电产业政策的制定中,其中参与出台政策数量最多的部门是国家能源局(101 项),其次是发改委(87 项),国务院、财政部、科技部及电监会的发文量也位居前列。作为不同时间段内风电产业的主管机构,电力工业部、国家经贸委、发改委和国家能源局对风电产业支持的力度差异很大。早期主管风电产业的电力工业部(1998 年撤销)仅仅颁布了 4 项风电产业相关政策,而目前主管风电产业的国家能源局已经颁布了数十项风电产业相关政策。这表明政府不仅对风电产业的重视度加强，而且在推动风电产业发展与规范方面的“亲力亲为”。

从发布风电产业政策的职能主体来看，电力工业部和国家经贸委在风电产业发展早期既是主管机构，亦是监督机构，这种“监管一体化”是早期风电无序开发的重要原因。我国在 2003 年的政府机构改革中将风电产业的管理职能与监督职能分开，发改委主管风电产业，电力监督委员会履行对风电产业的监督职能。随着电监会陆续颁布 17 项监督规范风电产业的相关政策，我国风电产业的监管体系逐步建立，但仍存在诸如“弃风”一类的监管漏洞。2013 年电监会并入国家能源局，提升了国家能源局的职权，强化了对风电产业的监管力度。职能主体演进过程如图 4-12 所示。

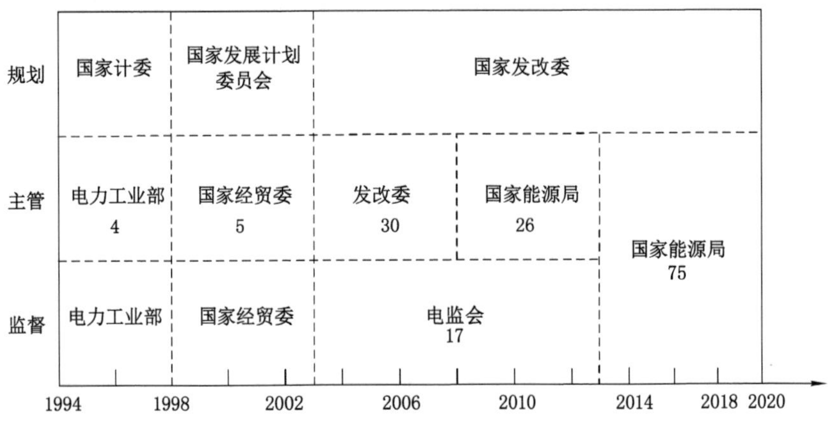

图 4-12　风电产业政策的发布：职能主体演进

4.3 研究小结

总结来说，我国风电产业政策有以下几个特点：

(1) 数量曲折上升。我国风电产业政策在 25 年的演变历程中，政策数量保持了不断上升的趋势，但也具有一定的波动性。究其原因，主要是早期的风电开发因诸多限制且成本较高，且我国长期以化石能源作为主要能源消耗，对风电发展并不重视，因此当时政府颁布的政策数量少。

(2) 不同发展阶段核心政策需求不同。根据图 4-13 分析可知，在风电产业萌芽发展期，信息支持、技术支持和政府鼓励是发展风电产业的主要政策工具，但是信息支持的作用力度相较而言最大，因此信息支持是萌芽发展期促进风电产业发展的核心政策工具，它通过勘察、评价并公布我国风能资源分布情况提振企业发展风电的信心。在风电产业快速发展期，政府鼓励、并网支持和技术支持是主要政策工具，其中政府鼓励的作用力度最大，是快速发展期促进风电产业发展的核心政策工具。政府鼓励通过发挥政策的信息效应，释放政府重视风电产业发展的信号，并提高公众对风电产品的认可度，从而鼓励企业发展。在风电产业优化发展期，政府鼓励、并网支持和运行规范是主要政策工具，其中政府鼓励的作用力度最大，即政府鼓励不仅是快速发展期促进风电产业发展的核心政策，也是优化发展期的核心政策。

发展阶段	政策类型				
	政府鼓励	信息支持	并网支持	技术支持	运行规范
萌芽发展期	▲	★		●	
快速发展期	★		▲	●	
优化发展期	★		▲		●

图 4-13　不同时期政策主要作用点

注：★代表该政策类型在这一时期内政策力度累加最高；●和▲代表政策力度累加依次减少。

(3) 政策措施多元化。纵观已出台的风电政策，为推动风电产业发展所用到的政策措施已达到了 12 种。伴随不同发展阶段作用点的变迁，我国风电产业政策措施呈现多元化的趋势。仅就风电产业补贴一方面，我国政策在萌芽发展期针对风电上网电价高于电网平均电价的部分采取均摊方式进行补贴，而后又增加可再生能源专项资金、减免税收和风电项目贷款贴息三种政策措施。政府采用多元化的政策措施时，并未有政策措施不兼容现象，相反同一方面的不同政策措施可相互弥补，共同促进。

(4) 监管一体化趋势。我国虽在 2003 年成立电监会对发电、电网企业予以监督，但电监会的职能定位不是特别清晰，主管风电产业的机构是国家能源局，对风电的价格及其规划问题则属于发改委，政出多门的现象时有发生，管理体制弊端逐渐凸显。2013 年我国将风电产业的监督和管理职能归属于同一部门，即将电监会撤销并入国家能源局，可是国家能源局仍直属发改委管理，监与管并没有完全意义上的一体化。2017 年后政策的发布主体体现了国家能源局完全负责风电产业的监督和管理。

5 我国风电产业创新政策有效性分析

5.1 基于政策发布类型视角的风电产业创新政策效果评价

风电产业在发展中遇到的问题和解决出路都离不开政府的参与，政府规划和管理以及政策在我国风电产业中扮演重要角色，仅仅考虑技术手段改变我国风电产业创新发展现状是行不通的[312-313]；即便在解决诸如风力资源不稳定、发电/用电峰值不一致和发电/用电区域不一致等看似自然气候、技术操作层面问题的思路中，也能看到政府和政策的相关作用[66,314-316]。遗憾的是，目前尚无学者系统研究我国风电产业政策及其历史演进，也缺乏对我国风电产业政策作用效果的实证研究。因此，通过对我国风电产业政策作用效果进行分析，研究我国风电产业政策潜在的问题，在理论和现实中很有必要。

5.1.1 理论分析

在 3.1.2 小节对政策分析体系框架设计研究的基础上，基于我国政策发布的“政出多门”事实以及产业转型升级的特殊时期，本成果借鉴彭纪生等[175]学者的思路加入政策效力的测度部分（即政策力度），从政策发布内容、政策发布形式、政策力度和政策发布部门四个层面研究政策工具的作用效果，简称我国风电产业政策的 COPA 分析框架，从政策发布类型视角分析我国风电产业创新政策的有效性。

5.1.2 实证结果分析

首先，在实证研究中，针对众多解释变量的情况，一般优先采用诸如主成分分析法进行降维；然而，本成果发现，COPA 各个维度的 Cronbach's α 系数分别为 0.414 2、0.483 0、0.493 9、0.159 4，均无法达到社会科学研究中 0.7 的基本要求；同时，各个维度的 KMO（检验统计量）和 SMC（复回归方程的可决系数）指标也大多在 0.5 以下，表明本成果研究的问题不适合做主成分分析。其次，由于本成果赋值中考虑问题的完备性以及集中研究风电产业政策对风电装机容量的贡献，拟对 COPA 各个维度分别做回归，同时忽略对常数项的考察，回归结果见表 5-1～

表 5-4。再次，鉴于前文的赋值方法可能会导致数据上的多重共线性问题，本成果在回归结果中同时给出了各个变量的 VIF(方差膨胀系数)值，发现该值均小于 10，表明潜在的多重共线性问题不大，不会对基本结果产生严重影响，见表 5-1～表 5-4。

表 5-1　政策效果评价：政策发布内容

变量	系数	VIF	变量	系数	VIF
环境保护	0.211 2(0.691 0)	1.53	人才培养	−0.801 8(1.325 7)	1.27
政府鼓励	3.048 8(0.468 8)***	1.50	并网支持	2.926 7(0.488 9)***	1.24
财税支持	2.847 0(3.730 0)***	1.48	技术支持	2.758 1(0.540 3)***	1.21
金融支持	−2.285 0(1.813 8)	1.35	技术规范	1.478 4(0.888 5)*	1.19
信息支持	−0.238 7(0.833 3)	1.30	运行规范	4.408 5(0.561 7)***	1.17
采购支持	−0.779 8(4.418 0)	1.29	设备规范	4.039 5(1.065 1)***	1.14
R^2	0.691 8		VIF 均值	1.31	

注：括号中的数字为稳健标准误差，***、**和*分别表示在 1%、5%和 10%水平上显著；下同。

表 5-2　政策效果评价：政策发布形式

变量	系数	VIF	变量	系数	VIF
法律	5.903 0(0.513 7)***	1.00	办法	5.591 9(0.157 6)***	1.03
条例部令	6.318 6(1.452 9)***	0.99	通知	6.028 1(0.162 5)***	0.99
意见规定	5.338 6(0.419 4)***	0.98	R_2/VIF 均值	0.942 4/1.00	

表 5-3　政策效果评价：政策力度

变量	系数	VIF	变量	系数	VIF
环境保护	0.175 1(0.257 5)	1.61	人才培养	−0.398 2(0.363 3)	1.29
政府鼓励	1.200 0(0.252 7)***	1.50	并网支持	0.665 7(0.162 9)***	1.29
财税支持	0.749 5(0.279 8)***	1.46	技术支持	0.829 1(0.148 0)***	1.25
金融支持	−0.347 7(0.498 9)	1.39	技术规范	0.549 2(0.261 8)**	1.10
信息支持	−0.194 1(0.236)	1.32	运行规范	1.254 5(0.104 6)***	1.09
采购支持	0.460 7(0.792)	1.31	设备规范	1.327 7(0.270 8)***	1.08
R_2	0.638 9		VIF 均值	1.3	

表 5-4　政策效果评价：政策发布部门

变量	系数	VIF	变量	系数	VIF
国务院	6.275 6(0.159 1)***	1.07	电监会	6.072 2(0.351 8)***	1.00
发改委	3.399 4(0.370 1)***	1.06	其他部门	4.823 8(0.283 9)***	0.99
能源局	4.972 0(0.393 3)***	1.03	R_2/VIF 均值	0.881 2/1.03	

通过表 5-1 可以发现，三大类风电产业政策内容都会促进风电产业发展但是作用效果有明显区别。在引导型政策中，务实的政府鼓励措施要比相对务虚、形而上的环境保护措施更能推动风电产业发展(3.048 8 vs. 0.211 2)，而且显著。在支持型政策中，与前面的理论分析一致，并网支持最能促进风电产业发展，是风电产业创新政策作用靶点，其次是财税支持和技术规范；相比之下，在国外成熟的政策做法，比如金融支持、信息支持、采购支持和人才培养等，目前在我国刚刚起步，尚无法发挥应有的作用，这或许与我国风电产业自身有待规范有关。实际上，在规范型政策中，三个子类内容，特别是运行规范和设备规范，对我国风电产业都有显著影响，而且系数最大，表明相比政府鼓励、财税支持和并网支持等外部激励措施，风电产业内部的规范和管理更为重要，应该作为目前风电产业工作的当务之急。

通过表 5-2 可以发现，5 种政策形式都能对我国风电产业发展产生显著作用，但是激励效果稍有区别。政策形式最高级别的法律和最低级别的通知都不是最有效的激励方式，而是国务院颁布的条例和各部门的法令，说明这是政策发布形式的靶点。不难发现，国务院虽然主抓国计民生，但是还是应该避免出现“暂行条例、意见和规划”一类的“稍欠严肃”的风电产业政策表述(5.338 6)；若要颁布此类政令，可以考虑由下属具体的部委发行(5.591 9 vs. 5.338 6)，名称也可以考虑变为“通知”(6.028 1 vs. 5.338 6)。

由于政策力度和政策分布内容的密切联系，即政策内容的非零取值决定了政策力度的非零取值，表 5-3 政策力度的回归结果与表 5-1 政策发布内容类似。不同的是，表 5-3 显示，虽然并网支持对于风电产业发展至关重要，但是片面加大并网支持力度并不能起到理想的激励效果；实际上，在所有具有统计显著性的变量中，并网支持的系数几乎是最低的，反映了在自上而下的行政管理体制中，相关部门对推进并网支持并无动力(特别是相对推进政府鼓励而言，0.665 7 vs. 1.200 0)。这也是并网支持在我国一直进展缓慢的重要原因。

对于政策发布部门而言，表 5-4 显示，各类部门发布的风电产业政策都能显著促进风电产业发展。然而，发改委作为“实权派”机构，在激励风电产业发展方面并没有起到预期的作用，甚至比不过商务部、林业局和科技部这样的“外围机构”,是各部门中系数最低的。进一步考虑到电监会已经在 2013 年并入能源局的实际情况,回归结果表明:在未来风电产业政策发布中,国务院发布风电产业政策应该着眼于定基调;发改委应该适当转换角色,由直接的发号施令者转变为向风电产业发展提供公共信息和服务的平台,沟通国务院和能源局;改组后的能源局主要在风电产业发展的具体操作层面发号施令,同时向发改委和国务院负责。

5.1.3 研究小结

综上而言,根据分析结果:相较于战略型政策(S_1),战术型政策(S_2)的发布对风电产业创新效果的刺激作用更明显,政策发布内容的 12 个小类中政府鼓励(S_1)、并网支持(S_2)、财税支持(S_2)、技术支持(S_2)、技术规范(S_2)、运行规范(S_2)、设备规范(S_2)这 7 类政策工具发挥了显著的促进作用,其中运行规范作用效果最强。从政策出台的 COPA 方式看,运行规范、设备规范、并网支持、财税支持等战术型政策发布内容和政策力度对创新绩效的刺激作用显著。从政策发布形式看,政策发布形式最高级别的法律和最低级别的通知都不是最有效的激励方式,各部门颁布的条例部令的政策刺激效果更为显著,这是政策发布形式的靶点。从发布部门看,国务院的相关政策最能引起产业创新的重视,同时与风电产业发展最为密切的电监会和能源局的相关政策也是影响政策效果的重要因素。与此同时,发改委作为“实权派”机构,在激励风电产业发展方面并没有达到预期的效果。基于 S-COPA 的政策效果测度结果综合表如表 5-5 所示。

表 5-5 基于 S-COPA 的政策效果测度结果综合表

	政策发布内容(C)(性质;系数)	政策发布形式(O)(性质;系数)	政策力度(P)(性质;系数)	政策发布部门(A)(性质;系数)
1	运行规范(S_2;4.408 5)	条例部令(6.318 6)	设备规范(S_2;1.327 7)	国务院(6.2756)
2	设备规范(S_2;4.039 5)	通知(6.028 1)	运行规范(S_2;1.254 5)	电监会(6.072 2)
3	政府鼓励(S_1;3.048 8)	法律(5.903 0)	政府鼓励(S_1;1.200 0)	能源局(4.972 0)
4	并网支持(S_2;2.926 7)	办法(5.591 9)	技术支持(S_2;0.829 1)	其他部门(4.823 8)
5	财税支持(S_2;2.847 0)	意见规定(5.338 6)	财税支持(S_2;0.749 5)	发改委(3.399 4)

注:S_1、S_2 分别表示政策的战略性质,括号内数字表示显著性系数;表中列出的仅为对创新绩效最具影响的前 5 项。

5.2 基于创新产出质量视角的风电产业创新政策效果评价

创新内容和创新强度是理论界探索产业政策有效性的重要维度，但是在企业创新泛而不精等问题越来越严重的情况下，创新质量逐渐受到众多学者的关注[317-318]。杨博等[319]指出中国政府颁布一系列产业政策旨在促进企业致力于技术创新，在政策的刺激下，中国企业的创新数量急剧增长，但是却陷入“数量长足、质量跛脚”的困境，表明中国存在严重“专利泡沫”。同时，部分学者指出企业在产业政策的驱动下从事创新活动的动机不尽相同，导致企业创新结果差异显著。一些企业以技术创新作为保持核心竞争力的重要手段，而另一些企业则是为了顺利取得政府补贴或迎合政府监管开展创新[320]，在学术界前者称为实质性创新（即核心技术创新），后者称为策略性创新（即非核心技术创新）。可见，产业政策实施在一定程度上存在“目标-工具”错配现象[321]，产业政策对企业核心技术创新的激励效果差强人意。对此，本成果为充分客观评价我国风电产业政策实施效果，将企业创新划分为核心技术创新与非核心技术创新，研究不同类型产业政策对企业核心与非核心技术创新的影响效果，进而为产业政策体系完善提供理论参考。

5.2.1 理论分析及研究框架

提升国家原始创新能力和突破关键核心“卡脖子”技术是政府制定产业政策的首要目标，其次是完善企业创新环境促进企业创新[21]。很多学者认为，技术创新外部性问题导致企业私人研发投入不足，低于社会总体水平，企业创新热情较低[22]。为调动企业创新热情，政府尝试颁布一系列产业政策消除创新活动负外部性对企业创新造成的不利影响，提升企业创新积极性[322]。

为了平衡环境治理与经济发展之间的关系，促进可再生能源产业的技术升级至关重要[323]，中央政府制定政策以刺激风电企业创新发展已然成为世界各国的共识[17]。产业政策通过积极的技术和知识溢出及减少可再生能源的外部资本成本促进可再生能源技术创新[324]。由于数据的可得性，目前基于大样本实证分析可再生能源政策对新能源企业创新影响的文献较少，其中，Schleich 等[325]利用 OECD 12 个国家在 1991—2011 年的公共研发支出和上网电价(FIT)数据，研究其对风电技术专利申请的影响。Vitenu-Sackey 等[326]研究绿色财政政策对中国绿色技术投资的影响，发现环境税作为绿色财政政策的替代措施，对绿色技术投资的全要素生产率有正向影响，而环境支出则对其有负向影响。Zhang 等[327]利用适用于企业级面板数据的广义矩量法模型，探讨了财政和信贷政策对可再生能源企业投资的传导效应,结果表明,财政和信贷政策能够有效地激励可再生能源企业投资于更有利可图的可再生能源项目。但是,现有研究多数是从单一政策工具角度考察产业政策实施效果,作为影响专利申请的因素[50,328],产业创新政策不应是单一的,不同类型的政策可能对新能源企业创新绩效产生不同影响,它们的政策效应相互抵消,从而导致产业政策效果偏移。因此,需要从不同政策类型角度研究产业政策对企业创新的激励作用。

可以肯定的是,产业政策对风电企业技术创新具有重要作用。但是不同类型政策对企业技术创新的影响存在差异,无论选择哪种政策工具均有其优劣之处,如何选择恰如其分的政策工具则是研究的重点。鉴于此,本成果在现有研究的基础上[61,329-330]构建了本成果的研究框架,基于产业政策"目标-工具"分析模型如图 5-1 所示。

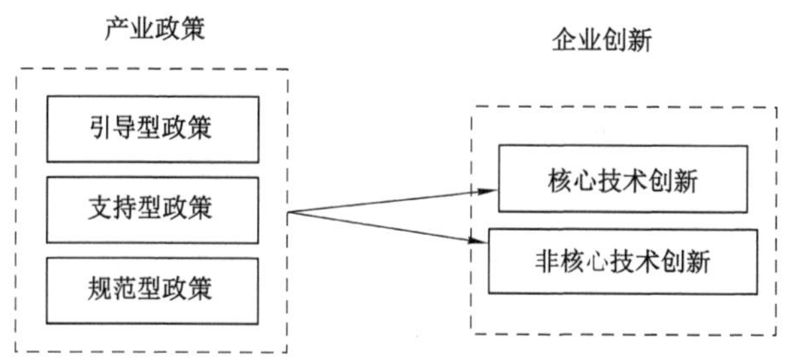

图 5-1 研究框架:产业政策"目标-工具"分析模型

最新研究认识到,应该基于创新系统框架将微观企业创新绩效和产业政策工具改良两个视角结合起来,分析主体与系统的社会-政策关系[45];而且随着风电产业创新政策的大量出台,针对风电产业创新政策的实施效果评估也开始从理论框架的探索向研究政策工具对政策目标影响的方向发展[331]。因此,研究风电产业政策作用效果不能单方面考虑政策工具的制定和选择,要同时关注政策工具与政策目标间的关系。再者,由于我国处于转型经济的特殊时期,国有企业和民营企业在市场上长期共存(也被称为混合市场),所有制作为制度安排的潜在表征,不同所有制企业在资源获取和管理能力上都有很大的差异[61],进而在利用产业政策进行创新的机制上也有不同。在我国,国有企业控制国民经济命脉,目标是占领战略新兴产业技术制高点,并且在关乎民生的产业,国有企业仍然是政府宏观调控政策的主要对象,为了达到节能减排和解决能源危机的目的,国有企业有资金和技术优势进行可再生能源投资和技术创新,因此政府更有动力支持他们[332-333]。然而也有研究认为,企业政治联系削弱了政府补贴效应[3334],且国有企业只是为了迎合政府监管而选择策略性创新,而非核心技术创新[335]；政府补贴也为国有垄断企业提供了寻租机会，并未有效地用于国有企业研发活动，而且腐败和寻租成本会不同程度地侵占企业研发创新资源，从而对国有企业研发投入产生“挤出”效应，严重的多重代理问题也削弱了国有企业创新风险感知能力。对于民营企业而言，政策性负担少，公司治理结构相对完善，在实施创新活动和制定创新战略时拥有比国有企业更大的自主权和灵活性[336-337]；为了获得技术竞争力和企业生存，民营企业在产业政策的刺激下更有意愿进行核心技术创新，因而相比国有企业，政府补贴等产业政策对民营企业创新绩效的促进作用更大[338]。综上而言，在我国转型经济背景下研究产业政策与不同所有制企业创新质量之间的联系变得尤为有趣[339]。

5.2.2 变量定义与样本选取

我国近年来（开始于 20 世纪 90 年代）制定了一系列风电产业政策，以促进风电产业快速发展及增加可再生能源供应，但是在 20 世纪 90 年代至 2005 年，我国风电产业政策涉及的相关部门较少，而且尚未把风电作为一项重要的战略资源。一个关键转折点是 2005 年颁布的《可再生能源法》，并于 2006 年正式实施，中央政府和地方政府开始大规模制定可再生能源开发利用计划。因此，本成果重点研究 2008—2019 年我国部委级别及以上级别部门发布的风电产业政策。通过我国政府各部委门户网站和北大法宝数据库对政策条目进行检索，收集了 2008—2019 年我国部委级别及以上级别部门发布的风电产业政策。因涉及风电产业的政策数量众多，为确保所选政策的无缺漏和准确性，本成果在已有研究基础上，依据“分别查找、交叉检验、最后汇总”的原则搜集风电产业政策。搜集风电产业政策的依据为：发布部门符合部委级别及以上；政策文件提及风电、风能或可再生能源。政策类型限制为法律、法规、规范性文件。

选取上海证券交易所和深圳证券交易所 A 股风电产业上市公司作为研究样本，时间范围为 2008—2019 年。研究样本中有关企业特征变量的数据均来源于 CSMAR（中国经济金融研究）数据库，专利数据来自壹专利数据库。

5.2.2.1 因变量

本成果使用风电企业当年发明专利申请量作为核心技术创新的测度指标，使用实用新型专利和外观设计专利申请量之和作为非核心技术创新的测度指标。尽管有学者不赞同使用专利申请量作为企业创新的代理变量，认为专利申请量的参考价值较小[340-341]，但在现有关于企业创新的实证研究文献中专利被广泛采用，且专利申请的审查遵循一致和严格的程序，能够比较客观体现企业创新结果[325,342-344]。我国专利制度授予三种专利:发明、实用和外观设计专利。首先,这三种专利在创新质量上存在差异,其中,按照新颖、创造和实用三方面的综合得分来看,发明专利第一,外观设计和实用新型专利次之,这意味着发明专利的价值度最高[345]。其次,这三种专利在申请处理时间上也有所不同,发明专利通常需要一年以上才能授予,实用新型专利的处理时间约为六个月,而外观设计专利的处理时间更短。最后,这三种专利在保护强度上也有所不同,发明专利保护期为20年,而另外两类专利的保护期仅为10年。鉴于此,基于我国专利法的定义以及已有研究文献的讨论[338,342,346],我们将企业申请"高质量"的发明专利认定为核心技术创新,将企业申请的实用新型、外观设计专利定义为非核心技术创新。因此,本书使用风电企业当年发明专利申请量衡量企业核心技术创新,实用新型和外观设计两类专利申请量衡量企业非核心技术创新。

5.2.2.2　产业政策

在产业政策维度,根据产业政策文件涉及的内容将风电产业政策分为引导型政策、支持型政策和规范型政策三类,其中引导型政策包括政府鼓励和环境保护两个具体政策工具,支持型政策包括财税支持、金融支持、信息支持、并网支持、采购支持、技术支持、人才培养七个具体政策工具,规范型政策包括技术规范、设备规范、运行规范三个具体政策工具,共计十二个具体政策工具,如图5-2所示。根据十二个政策工具在政策文件中描述力度不同对其进行1～5分赋值,被赋予分值越高,说明政策实施力度越大。为使得政策评分结果可靠,评分标准及流程均参考现有成熟研究成果。

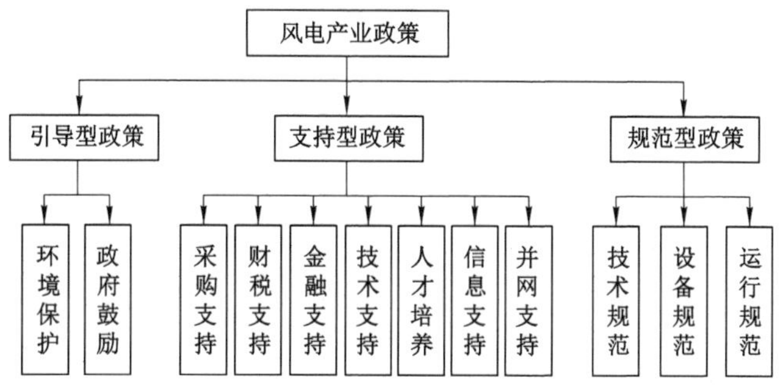

图5-2　产业政策工具分类

经过对风电产业政策文件内容进行文本分析后,初步得到每项产业政策在发布形式、发布内容和发布部门方面的数据,进一步地,本成果首先根据式(5-1)

计算每条产业政策的力度，然后根据式(5-2)计算每年的产业政策力度。

$$IPE_{it} = \sum_{j=1}^{N}(PS_{ij} \cdot PE_j), t \in (2008, 2019) \tag{5-1}$$

$$NIPE_t = \sum_{i=1}^{11} IPE_{it}, t \in (2008, 2019) \tag{5-2}$$

需要说明的是，t 表示年份；N 表示第 t 年颁布的产业政策总数；i 表示第 t 年颁布的第 j 项政策中的第 i 项政策工具；IPE_{it} 表示 t 年各项产业政策力度；PS_{ij} 表示 j 项政策的 i 项的政策工具得分；PE_j 表示 j 项政策的政策力度；$NIPE_t$ 表示第 t 年产业政策的整体力度。

现实中，风电企业创新不仅受到当年政府颁布政策的影响，而且会受到往年未被废止产业政策的影响。因此，在计算年度产业政策力度时应是当年颁布的产业政策力度与尚未被废止产业政策力度之和减去已被废止产业政策力度，具体计算公式为：

$$NIPE_t = NIPE_{t-1} + IPE_{it} - \sum_{j=1}^{N_t^*}(PS_{ij} \cdot PE_j), t \in (2008, 2019) \tag{5-3}$$

其中，N_t^* 表示第 t 年废止的产业政策数目。

5.2.2.3 控制变量

为了减少其他因素对企业创新的干扰，本成果借鉴已有研究，引入企业规模(Size)、所有权性质(Ownership)、企业年龄(Age)、股权集中度(Herfi10)、董事长与总经理两职合一(Dual)、独立董事人数(Independent)、资产负债率(Lev)、净资产收益率(ROE)、产权比率(EQR)作为控制变量。变量定义见表 5-6。

表 5-6 变量定义

变量	定义
inventp	年度企业发明专利申请的总数
ndp	年度企业实用新型和外观设计专利申请的总数
IP	政府鼓励和环境保护 2 项政策力度之和
SP	财税支持、金融支持、信息支持、技术支持、并网支持、人才培养、采购支持 7 项政策力度之和
RP	技术规范、设备规范和运行规范 3 项政策力度之和
Size	企业总资产的自然对数
Ownership	根据企业最终控制人性质确定其产权性质，国有企业记为 1，民营企业记为 0

表 5-6(续)

变量	定义
Age	企业上市年度到 t 年的时间
Herfi10	公司前 10 位大股东持股比例平方和
Dual	董事长和总经理兼任记为 1,其他记为 0
Independent	独立董事人数
Lev	负债总额/资产总额
ROE	净利润/所有者权益平均余额
EQR	负债总额/所有者权益总额

5.2.3 实证结果分析

为了防止异常值对实证结果的影响,对变量进行缩尾处理。同时,本成果选择负二项回归估计模型对产业政策和企业创新(核心技术创新、非核心技术创新)之间的关系进行检验。风电产业政策(引导型政策、支持型政策和规范型政策)与企业创新(核心技术创新、非核心技术创新)的回归结果如表 5-7 所示。

表 5-7 风电产业政策(引导型政策、支持型政策和规范型政策)与企业创新(核心技术创新、非核心技术创新)的回归结果

变量	核心技术创新			非核心技术创新		
	inventp	inventp	inventp	ndp	ndp	ndp
IP	2.165***			1.562***		
	(8.49)			(6.16)		
SP		2.847***			2.073***	
		(8.78)			(6.38)	
RP			1.264***			0.928***
			(9.24)			(6.59)
Ownership	0.413**	0.428**	0.441**	−0.383*	−0.387*	−0.396*
	(1.99)	(2.06)	(2.11)	(−1.88)	(−1.89)	(−1.93)
Size	0.155**	0.156**	0.136**	0.232***	0.225***	0.216***
	(2.30)	(2.35)	(2.08)	(3.52)	(3.46)	(3.25)

表 5-7(续)

变量	核心技术创新			非核心技术创新		
	inventp	inventp	inventp	ndp	ndp	ndp
Age	−0.089***	−0.088***	−0.089***	−0.068***	−0.067***	−0.069***
	(−6.47)	(−6.28)	(−6.39)	(−5.15)	(−5.03)	(−5.17)
Lev	4.166***	4.166***	4.314***	1.908***	1.967***	2.087***
	(6.29)	(6.21)	(6.37)	(2.84)	(2.95)	(3.07)
ROE	−0.280***	−0.282***	−0.279***	−0.128*	−0.131*	−0.127*
	(−4.09)	(−4.12)	(−4.04)	(−1.82)	(−1.88)	(−1.80)
Herfi10	−2.616***	−2.734***	−2.782***	−0.817	−0.851	−0.795
	(−4.08)	(−4.28)	(−4.42)	(−1.28)	(−1.33)	(−1.24)
EQR	−0.193***	−0.200***	−0.202***	−0.055	−0.062	−0.062
	(−4.22)	(−4.33)	(−4.33)	(−1.15)	(−1.29)	(−1.29)
Independent	−0.121	−0.128	−0.123	0.006	0.002	0.005
	(−1.14)	(−1.23)	(−1.18)	(0.06)	(0.02)	(0.05)
Dual	−0.048	−0.028	0.007	0.169	0.198	0.201
	(−0.08)	(−0.04)	(0.01)	(0.24)	(0.27)	(0.28)
Constant	−15.012***	−22.135***	−8.671***	−12.314***	−17.451***	−7.797***
	(−8.93)	(−9.74)	(−6.59)	(−7.19)	(−7.52)	(−6.04)
Observations	834	834	834	834	834	834
Wald chi-square	201.90	196.64	188.84	112.15	116.91	119.43
Log likelihood	−2 226.981 6	−2 226.574 8	−2 224.945 9	−2 526.999 7	−2 526.257 3	−2 525.090 6

注：***、**和*分别表示在1%、5%和10%水平上显著。

由表5-7可以发现，产业政策（引导型、支持型和规范型政策）对企业创新（核心技术创新、非核心技术创新）均产生显著积极影响，但是相对而言对核心技术创新的影响更加显著，尤其是支持型政策对风电企业核心技术创新的积极效应更明显。这意味着风电产业政策有力推动了风电企业技术升级和进步，显著提高了风电企业核心技术创新能力。特别是从2005年起，我国中央政府以法律和行政规划形式（如《可再生能源法》《风力发电科技发展“十二五”专项规划》《可再生能源发展“十二五”规划》等）出台相关政策以支持风电产业长期发展。经过二十多年的发展历程，风机国产化率逐步提高，与欧美发达国家风电技术的差距逐渐缩小[347]。因此从风电产业发展现状看来，中央政府采取的这一系列政策措施明显强化了风电企业技术创新热情和信心，减少不确定性对企业创新造成的干扰，拉动企业核心技术创新能力提升[325]。

5.2.3.1 引导型政策

引导型政策包括政府鼓励和环境保护两方面政策。政府鼓励企业积极向国外发展先进、技术领先的风电企业学习技术，提倡技术交流，将学习而来的技术根据国内风能资源分布、地质特征及能源需求布点进行技术改进、二次创新，使之符合我国发展的需要。并且随着经济全球化和国际商业合作的日益繁荣，积极通过不同渠道学习和获取国外先进技术越发必要，是中国在短时间内以较低成本实现技术追赶和超越的重要途径，因此政府鼓励是影响我国风电产业技术升级的关键因素[348]。环境保护主要表现为控制企业污染物排放。传统观点认为环境规制政策会增加企业污染治理负担，挤出企业研发资源投入，抑制企业创新。而“波特假说”则认为环境规制能够反向激励企业投入技术创新，升级治污技术，促进企业创新。本成果研究结果与学者吴力波等[349]的研究结论一致，即环境保护可以反向促进企业创新。

5.2.3.2 支持型政策

在三种不同类型的产业政策中，对风电企业核心技术创新能力作用力度最大的是支持型政策。本成果认为金融支持、财税支持、采购支持、信息支持、并网支持、技术支持、人才培养等七类具体政策工具属于支持型政策。其中，信息支持主要表现为中央政府对风电产业中长期发展目标做出规划，及时公开我国不同地区风能资源分布及可利用情况，为地方政府及企业吃下“定心丸”，促进地方经济发展稳定性，从而反作用于企业创新积极性。人才培养主要表现为建立有利于风电产业创新的人才培养体系，探索人才成长规律，规范不同产业链上风电从业人员的知识素养，同时政府政策可以通过释放行业利好信号，引导高等院校和科研机构与企业开展创新合作，搭建多方合作平台，培养合作研发团队，增强企业研发创新风险承担能力，使得政策在“政府—企业—研发团队”链条上实现正向传导。金融和财税支持主要表现为政府通过减免税收、研发费

表 5-8(续)

风电产业政策对国有企业创新的影响						
变量	核心技术创新			非核心技术创新		
	inventp	inventp	inventp	ndp	ndp	ndp
Dual	−2.539***	−2.681***	−2.449***	−2.328***	−2.446***	−2.255***
	(−3.49)	(−3.65)	(−3.30)	(−3.44)	(−3.55)	(−3.24)
Constant	−14.989***	−26.222***	−5.085***	−15.195***	−25.402***	−6.540***
	(−6.05)	(−7.37)	(−2.79)	(−5.78)	(−6.97)	(−3.54)
Observations	447	447	447	447	447	447
Wald chi-square	121.70	122.80	137.39	96.20	109.99	123.25
Log likelihood	−1 154.535 1	−1 153.221 9	−1 151.549 7	−1 250.583 6	−1 248.172 4	−1 246.166 8

风电产业政策对民营企业创新的影响						
变量	核心技术创新			非核心技术创新		
	inventp	inventp	inventp	ndp	ndp	ndp
IP	1.141***			0.340		
	(3.15)			(1.01)		
SP		1.521***			0.517	
		(3.20)			(1.20)	
RP			0.666***			0.233
			(3.23)			(1.26)
Size	0.478***	0.480***	0.468***	0.494***	0.489***	0.484***
	(4.55)	(4.55)	(4.55)	(4.53)	(4.39)	(4.37)
Age	−0.075***	−0.075***	−0.074***	−0.053***	−0.054***	−0.054***
	(−3.67)	(−3.69)	(−3.63)	(−2.91)	(−2.96)	(−2.97)

表 5-8(续)

风电产业政策对民营企业创新的影响						
变量	核心技术创新			非核心技术创新		
	inventp	inventp	inventp	ndp	ndp	ndp
Lev	6.296***	6.371***	6.402***	5.827***	5.864***	5.903***
	(6.03)	(6.13)	(6.07)	(5.50)	(5.56)	(5.61)
ROE	0.392***	0.389***	0.411***	0.101	0.104	0.111
	(2.88)	(2.96)	(3.15)	(0.83)	(0.86)	(0.91)
Herfi10	−1.919*	−2.051**	−2.107**	−1.016	−1.040	−1.068
	(−1.84)	(−1.99)	(−2.05)	(−0.98)	(−1.01)	(−1.04)
EQR	−1.280***	−1.298***	−1.289***	−1.414***	−1.420***	−1.419***
	(−5.57)	(−5.68)	(−5.61)	(−6.11)	(−6.16)	(−6.16)
Independent	0.183	0.185	0.176	0.217	0.226	0.225
	(0.84)	(0.84)	(0.80)	(0.88)	(0.92)	(0.92)
Dual	0.782	0.777	0.805	1.024*	1.019	1.023*
	(1.39)	(1.37)	(1.44)	(1.65)	(1.64)	(1.65)
Constant	−17.035***	−20.988***	−13.669***	−11.809***	−13.340***	−10.880***
	(−6.64)	(−6.07)	(−6.59)	(−4.64)	(−4.14)	(−5.27)
Observations	387	387	387	387	387	387
Wald chi-square	150.06	150.15	144.54	103.18	103.79	103.93
Log likelihood	−1 035.243 6	−1 034.974 5	−1 035.102	−1 240.751 4	−1 240.580 6	−1 240.581 7

注：***、**和*分别表示在1%、5%和10%水平上显著。

在国有企业样本中，可以发现不同类型产业政策（引导型、支持型和规范型政策）对国有企业的核心技术创新和非核心技术创新均具有显著正向影响，但是对核心技术创新的影响力度更大。可能的原因是：① 国有企业具有天然的政治属性，其所有权归国家所有，在政府信息获取方面具有优势，有利于企业提前布局创新战略以应对国家政策，对政府要求得心应手，减少因信息不透明而造成的不必要的成本浪费。而且由于国有企业在地方经济发展、就业保障和技术进步方面占有重要地位[339]，地方政府在国有企业进入市场壁垒和法律监管方面较为宽松，更有意愿优先解决国有企业的风电消纳问题以及获得更多的研发补贴。因此，引导型、支持型和规范型三种不同类型的产业政策对国有企业核心技术创新具有显著正向影响。② 由于国有企业与政府之间的密切关系，政府研发补贴在认证研发项目质量和技术优势方面的不公平，我国国有企业的研发补贴认证效应有所减弱[339]。因此，国有企业只是为了迎合政府监管和项目申请而选择策略性创新，而不是核心技术创新[352]。

在民营企业样本中，可以发现不同类型产业政策（引导型、支持型和规范型政策）对民营企业的核心技术创新具有显著正向影响，对非核心技术创新的影响不显著。可能的原因是从国家能源局《关于印发“十二五”第五批风电项目核准计划的通知》的文件中可知，民营风电企业逐渐成为风电产业技术创新的中坚力量，但是风电产业在快速发展过程中遇到了严重的融资约束问题[12]，由于所有制信贷歧视的存在，民营风电企业融资难问题更加严重。第一，在这种情况下，政府颁布的支持型政策，如财税支持、金融支持、采购支持等政策工具，向民营风电企业提供资金扶持，在一定程度上能够缓解民营企业资金紧张问题，激励民营企业投入创新资源，促进企业创新。第二，相对于国有企业，民营企业在公司治理结构和管理层激励约束机制方面更有优势，能够有效地利用产业政策激励中的创新资源进行核心技术创新，从而转化为“高质量”创新产出，而且对于民营企业而言，政策性负担少，在实施创新活动和制定创新战略时拥有比国有企业更大的自主权和灵活性[353]。第三，风电产业是知识与技术密集型产业，技术更新换代快，而技术创新尤其是核心技术创新是企业绩效的决定因素，技术创新使企业能够提高生产力，占有更多市场份额，并保持其在市场上的领先地位[354]。民营企业为了在市场竞争中胜出，会将已有的创新资源最大化用于核心技术创新，注重技术创新质量，不会为了满足政府监管获得更多政策扶持而盲目创新，产生只追求创新“数量”的非核心技术创新[355]。然而由于官僚主义和管理层缺乏有效激励，国有控股比例会对企业创新活动产生负面影响，与民营企业相比，国有企业创新效率非常低。

5.2.4 研究小结

以我国中央政府在2008—2019年颁布的风电产业政策为研究对象，采用负二项回归模型研究引导型、支持型和规范型三类产业政策对风电企业核心技术创新与非核心技术创新的影响。并尝试从产权属性角度划分研究样本，分组研究产业政策对企业技术创新推动效应的异质性，为深刻评价我国风电产业政策提供理论参照。本成果研究结论如下：

（1）引导型、支持型和规范型三类产业政策对风电企业核心技术创新均具有重要的拉动作用，同时也导致企业出现非核心技术创新，表明企业存在政策迎合倾向。

（2）引导型、支持型和规范型三类产业政策对企业创新的影响具有差异性：支持型政策对企业核心技术创新的影响力度最大，引导型政策的作用力度次之，规范型政策的作用力度最弱。这表明资源约束是我国风电企业普遍面临的现实难题，政府通过提供不同维度的支持有利于缓解企业资源约束问题，有效发挥了政策杠杆作用，增强了企业研发风险承担能力。综上表明，我国风电产业政策实施效果存在偏差。

（3）进一步地，异质性检验发现，引导型、支持型和规范型三类产业政策不仅对国有企业的核心技术创新产生促进作用，对非核心技术创新也具有推动效应；而三类政策对民营企业核心技术创新具有明显拉动作用，对非核心技术创新的作用则不明显。

5.3 基于创新产出时滞视角下风电产业创新政策效果评价

当前学界对于时滞的存在性问题已达成共识。鉴于风电企业技术创新活动从投入到产出存在明显的滞后现象，其诱发的时滞效应将直接影响相关数据口径的选取，因此风电产业政策作用于微观企业创新行为和创新绩效的传导效果需要考虑滞后效应。众多学者在研究政府产业扶持政策促进企业创新绩效中，也都强调需要考虑时滞作用的影响[67,300,356-357]。遗憾的是，当前关于风电产业政策时滞对企业创新绩效的影响尚未引起学者的足够关注，然而这对于政府制定科学合理的风电产业政策，提升政策靶向精准性意义重大，由此本成果尝试将时滞纳入风电产业创新政策对企业创新绩效的影响研究中。从现有研究看：程华等[300]将产业创新政策从当年到滞后5年引入模型，研究产业创新政策对创新产出的滞后效应；周海涛等[356]将政府科技经费从当年到滞后3年分析其对企业创新决策行为的引导效应；李晓钟等[357]将政府补贴从当年到滞后2年考察其对物联网企业生产效率的滞后影响。不难发现，学者们对政策滞后期选择不尽相同，考虑到风电企业样本量的限制，在借鉴以上学者的研究基础上，本成果将产业政策从当年到滞后 2 年引入回归模型中，研究风电产业政策与企业创新绩效的滞后关系。

5.3.1 理论分析与研究假设

利益相关者理论认为，风电产业不仅能够带动当地经济发展，对周边地区经济发展也具有较强的辐射效应，在解决就业、环境保护、能源危机等方面承担较大社会责任，因此政府期望能够通过政策引导进一步促进企业创新绩效的提升，进而反哺社会经济的发展。我们认为政策具有资源和信号双重属性能够促进企业创新绩效提升。技术创新是一项长周期、高风险、具有很强外溢效应的活动[358]，特别是对于风电产业，一方面产业发展方向及政府政策具有高度不确定性，另一方面产业内的技术难题也具有更大的挑战性。因此，资金链顺畅及供给充足是保障研发活动持续和成功的首要保障。但是在中国金融体系尚不健全的情况下，风电企业融资约束问题进一步加剧，抑制企业创新活动。而产业政策信号属性一方面向外界传递出政府对企业所处行业前景的认可程度的信号，另一方面也传递出企业与政府关系亲疏的信号。从信号理论视角，企业的利好消息释放出企业良性发展的信号，有助于企业获得利益相关者的支持及创新资源[359]，缓解企业内部资源紧张问题。同时，产业政策作为特殊的创新资源，具有资源属性[360]，能够帮助企业分担创新投入的风险，刺激企业进行研发投入。特别是，针对企业新产品研发方面的专项补贴可以有效降低企业创新过程中的成本和风险，激发企业加大创新研发投入，促进企业创新绩效提升。另外，当外部市场环境不够健全，存在一些制度缺失或扭曲导致市场失灵，不利于企业创新时，产业政策往往可以起到对缺失或扭曲制度的弥补，激励企业增加创新研发投入，促进企业创新绩效的提升。

产业政策虽然能够有效增加企业的市场势力，但因地域经济发展失衡，企业所处的成长环境不同，导致企业成长周期存在差异，故其对政府颁布的产业政策的响应状态可能趋同，也可能不同。并不是理想中产业政策下发之后都会产生“立竿见影”的政策效果，产业政策从制定到颁布到企业响应再到受益往往需要较长的时间间隔，创新产出及成果转化的过程具有一定的时滞性[361]。基于此，我们提出假设如下：

H1：在限定其他条件的情况下，产业政策对企业创新绩效具有积极作用，且具有时滞性。

5.3.2 变量定义与样本选取

本成果样本选取原则与数据来源保持统一(见 5.2.2　变量定义与样本选择)。

(1) 因变量。企业创新绩效为因变量。专利数据是衡量企业创新能力的有效手段，与企业创新绩效有着强有力的直接关系，能够客观反映企业创新产出[362]。且在已有研究中，专利数据是学者们普遍认可的企业创新绩效衡量指标[363]。本成果借鉴以上学者的研究思路，使用风电企业当年专利申请量加一的自然对数作为创新绩效的衡量指标。

(2) 产业政策。本成果所有政策分类及政策量化原则与赋分标准保持统一，故此处不再赘述，下文同样。

(3) 控制变量。为了控制其他因素对企业创新绩效的影响，在借鉴现有研究的基础上，本成果控制了企业特征、高管特征和企业盈利能力的影响，引入企业规模(Size)、所有权性质(Ownership)、企业年龄(Age)、股权集中度(Herfi10)、独立董事人数(Independent)、董事长与总经理两职合一(Dual)、产权比率(EQR)、资产负债率(Lev)、净资产收益率(ROE)作为控制变量。各变量的名称、定义及代码见表 5-9。

表 5-9 变量名称、定义及代码

变量类别	变量名称	变量代码	变量定义
因变量	企业创新绩效	EIP	当年专利申请量加一的自然对数
自变量	引导型政策	IP	环境保护、政府鼓励等 2 项政策力度之和
	支持型政策	SP	财税支持、金融支持、信息支持、采购支持、人才培养、并网支持、技术支持等 7 项政策力度之和
	规范型政策	RP	技术规范、运行规范、设备规范等 3 项政策力度之和
控制变量	企业规模	Size	企业总资产的自然对数
	所有权性质	Ownership	国有企业记为 1，民营企业记为 0
	企业年龄	Age	t 期年份—上市公司注册成立年限
	股权集中度	Herfi10	公司前 10 位大股东持股比例之和
	独立董事人数	Independent	企业独立董事人数
	董事长与总经理两职合一	Dual	董事长和总经理兼任记为 1，其他记为 0
	产权比率	EQR	负债总额/所有者权益总额
	净资产收益率	ROE	净利润/所有者权益平均余额
	资产负债率	Lev	负债总额/资产总额

5.3.3 实证结果分析

由表 5-10～表 5-12 可以发现，产业政策对企业创新绩效在当年有显著正向影响，在滞后 1 年到滞后 2 年总体上仍然呈现显著正向影响，但是作用力度逐渐减弱。该结果表明，产业政策实施的当年对企业创新绩效有显著的促进作用，中央政府当年出台的一揽子风电产业创新政策极大地提升了市场活力，在企业创新过程中具有积极的信号传递效应，从而对当年的企业创新绩效具有显著的正向影响，在滞后 1～2 年对企业创新绩效仍呈显著促进作用，但是力度呈弱化趋势。这说明我国当前风电产业政策的时滞效应更多表现为“挤出”效应。

我国当前风电产业政策的时滞效应更多表现为“挤出”效应的可能原因如下：其一，我国风电产业政策颁布存在不稳定和不一致性的问题，Wei 等[17]认为可再生能源技术高度依赖于产业政策，可再生能源政策的明确性和一致性对于降低企业研发投入不确定性非常重要，不稳定、不可预测的产业政策对企业释放了更多的负面信号，会对企业研发投入产生“挤出”效应，从而对风电企业创新绩效具有显著的抑制作用；Grafström[364]从规划和知识问题、非生产性企业家精神、官僚主义和政府政策三个角度记录和分析 1980—2016 年的中国风电发展，从理论角度来看，当政府政策造成资源分配不当和阻碍技术发展时，规划问题和创业问题都很明显；邓江花等[365]以上市公司为样本，得出的研究结论为：政策不确定性抑制企业创新投资增长，不利于企业创新投入增加。其二，风电企业会因对政府研发投入的过度依赖而对企业私人研发投入产生“挤出”效应，政府风电补贴收入过高，且风电企业申请政府补助成本低，加上缺乏对风电企业补助的事后监管，导致风电企业热衷于“骗补”，企业原有技术研发资金并未实际用于风电技术升级改造。再者，由于政府与企业间存在信息不对称，企业还可能会利用政策制定者信号甄别机制缺失或失效等情况释放虚假信号，向政策制定者骗取政府补贴，从而严重削弱了政府补贴企业研发投入和创新绩效的激励效果。最后，政府补贴“僧多粥少”，政府产业政策也为某些特权组织和垄断企业提供了“寻租”机会，政府补贴并未有效地用于本企业的研发活动，而且腐败和“寻租”成本会不同程度地侵占企业研发创新资源，从而对企业研发投入产生“挤出”效应[366]，同样抑制了风电企业技术创新。其三，由于后续风电产业政策并未有效地解决风电企业融资难和风电消纳两大难题，造成产业政策供给与潜在的企业需求严重脱节，出现有效产业政策供给不足和政策滞后的局面，严重削弱了风电企业技术研发积极性，进而阻碍了风电企业技术创新发展，不利于提升风电企业创新绩效。

表 5-10 风电产业政策对企业创新绩效的影响

变量	(1)	(2)	(3)
	EIP	EIP	EIP
IP	1.011***		
	(7.86)		
SP		1.355***	
		(7.87)	
RP			0.604***
			(7.64)
Ownership	0.022	0.030	0.039
	(0.19)	(0.25)	(0.33)
Size	0.050	0.050	0.047
	(1.58)	(1.56)	(1.47)
Age	−0.041***	−0.040***	−0.041***
	(−6.05)	(−6.05)	(−6.11)
Lev	0.582*	0.609*	0.635*
	(1.83)	(1.90)	(1.94)
ROE	−0.083*	−0.083*	−0.081*
	(−1.94)	(−1.95)	(−1.87)
Herfi10	−0.299	−0.347	−0.352
	(−0.84)	(−0.98)	(−1.00)
EQR	−0.026	−0.029	−0.029
	(−0.85)	(−0.95)	(−0.93)
Independent	−0.085	−0.085	−0.086*
	(−1.60)	(−1.62)	(−1.65)
Dual	−0.224	−0.246	−0.213
	(−0.96)	(−1.03)	(−0.90)
Constant	−6.353***	−9.855***	−3.584***
	(−7.86)	(−8.35)	(−5.64)
Observations	834	834	834

注："*""**""***"分别表示在10%、5%和1%的水平上显著。

表 5-11 风电产业政策作用的时滞分析(滞后 1 年)

变量	产业政策滞后 1 年		
	EIP	EIP	EIP
L. IP	0.839***		
	(6.49)		
L. SP		1.083***	
		(6.47)	
L. RP			0.497***
			(6.53)
Ownership	0.033	0.038	0.055
	(0.26)	(0.30)	(0.44)
Size	0.058*	0.057*	0.055*
	(1.76)	(1.76)	(1.67)
Age	−0.042***	−0.041***	−0.042***
	(−5.90)	(−5.90)	(−6.04)
Lev	0.451	0.466	0.484
	(1.38)	(1.44)	(1.48)
ROE	−0.067	−0.068	−0.065
	(−1.58)	(−1.62)	(−1.53)
Herfi10	−0.312	−0.339	−0.372
	(−0.83)	(−0.91)	(−1.01)
EQR	−0.012	−0.014	−0.015
	(−0.39)	(−0.48)	(−0.49)
Independent	−0.062	−0.062	−0.060
	(−1.15)	(−1.15)	(−1.13)
Dual	−0.129	−0.131	−0.105
	(−0.56)	(−0.56)	(−0.46)
Constant	−5.392***	−8.015***	−3.073***
	(−6.57)	(−7.00)	(−4.85)
Observations	747	747	747

注："*""**""***"分别表示在 10%、5%和 1%的水平上显著。

表 5-12 风电产业政策作用的时滞分析(滞后 2 年)

变量	产业政策滞后 2 年		
	EIP	EIP	EIP
L2. IP	0.738***		
	(5.66)		
L2. SP		0.909***	
		(5.56)	
L2. RP			0.425***
			(5.66)
Ownership	0.075	0.076	0.092
	(0.58)	(0.58)	(0.70)
Size	0.060*	0.059*	0.057*
	(1.77)	(1.75)	(1.70)
Age	−0.043***	−0.043***	−0.043***
	(−5.85)	(−5.83)	(−5.94)
Lev	0.586	0.600	0.618*
	(1.59)	(1.63)	(1.69)
ROE	−0.068	−0.069	−0.068
	(−1.52)	(−1.57)	(−1.55)
Herfi10	−0.450	−0.454	−0.489
	(−1.16)	(−1.16)	(−1.26)
EQR	−0.015	−0.016	−0.018
	(−0.46)	(−0.50)	(−0.55)
Independent	−0.059	−0.059	−0.056
	(−1.08)	(−1.07)	(−1.03)
Dual	−0.071	−0.083	−0.068
	(−0.30)	(−0.36)	(−0.29)
Constant	−4.787***	−6.783***	−2.687***
	(−5.63)	(−5.94)	(−4.10)
Observations	665	665	665

注:“*”“**”“***”分别表示在 10%、5%和 1%的水平上显著。

5.3.4 研究小结

以2008—2019年我国部委级别及以上级别部门发布的风电产业政策为研究对象，采用负二项回归估计模型，从时滞效应视角研究产业政策对风电企业创新绩效的影响。具体研究结论为：

(1) 产业政策对风电企业创新绩效具有显著的促进作用，中央政府出台的一揽子风电产业创新政策极大地提升了市场活力，在企业创新过程中具有积极的信号传递效应，从而对企业创新绩效具有显著的正向影响。

(2) 进一步地，分别对产业政策进行滞后1年和2年的时滞分析，发现滞后1～2年均对风电企业创新绩效产生显著促进作用，但是作用力度在减弱，说明我国当前风电产业政策的时滞效应更多表现为“挤出”效应。因此，政府部门应继续加大政府扶持风电企业创新的产业政策力度，出台一系列操作性更强、更“实惠”的产业政策，尤其是要加大财税支持、金融支持和并网支持等方面的政策支持力度，以更好地发挥风电产业政策作用于微观创新主体和外部投资者的积极信号传递效应；风电产业政策要保持一定的稳定性和连续性，同时要协调配合使用短期产业政策和长期产业政策，最大限度避免政策有效供给不足和政策时滞，另外还需加强事后监管，评估前期风电产业政策的作用效果，识别出风电企业“骗补”的不良行为，加大对小规模风电企业的政策支持力度，提升风电产业政策命中率和政策靶向精准性。

6 我国风电产业创新政策作用效果影响因素分析

如前文所述，现有产业创新政策效果测度即影响因素的研究成果大多数围绕政策内容本身即围绕政策内容、工具、目标展开，亦有少数学者对作用对象特征即企业异质性特征进行了分析；但基于宏观视角从政策的原始出台方式即政策的发布部门、发布形式、发布力度、发布类型等方面以及区域创新环境视角的研究尚不多见；同时对影响政策的区域创新环境系统的关注也较少。由此本成果从"宏观—中观—微观"三个视角对政策作用过程进行解析，详细解构了我国风电产业创新政策从政策制定主体（各级政府部门）到政策对象（各类型企业）的作用过程，从而梳理影响我国风电产业创新政策作用效果的关键要素。影响因素分析框架如图 6-1 所示。

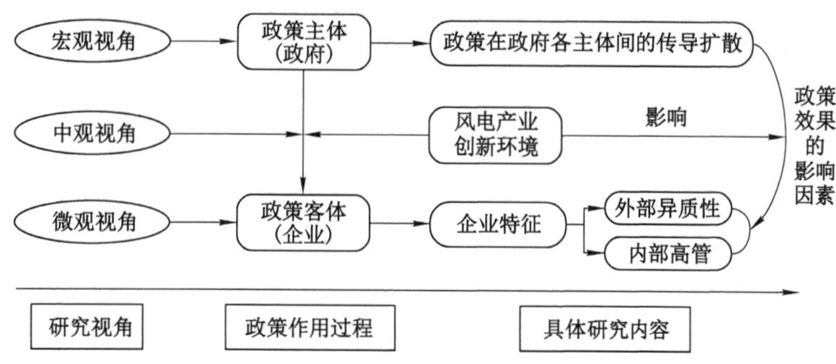

图 6-1 影响因素分析框架

6.1 政策传导(宏观)

本成果从自上而下的政策推动式扩散、自下而上的政策扩散以及同级政府间横向自发式扩散三条路径研究产业政策宏观扩散过程，解析风电产业创新政策体系形成过程以及演化特征。

6.1.1 相关理论回顾及模型构建

政策在各级政府间创新与扩散相关研究最早可追溯到 20 世纪 70 年代初，

在政治学、社会学以及政策研究等领域学者的关注研究及逐渐完善下，政策扩散被定义为：随着时间流逝，一项政策通过某种渠道在一个社会系统的成员之间传播和沟通，从而实现政策在空间上转移并被其他地方政府主体采纳的过程，即一个政府的政策决策会受到其他政府政策选择的影响[367-369]。作为政治学和行政学领域客观存在的现象及重要组成部分，政策扩散的相关研究成为政策过程研究的重要理论之一。经过西方学者的积极推动，政策扩散理论的概念内涵、模型构建等得到了进一步的丰富和发展。

在政策扩散特征方面，相关学者将政策扩散过程的经验规律总结为以下四个方面：① 时序性，即先采纳的政策对后来的政策产生影响，且新采纳政策的主体数量随时间呈现为一条S形曲线；② 空间性，即政策扩散表现为"邻近效应"和"层级效应"，即某地的政策创新实践会影响其他地区的政策活动；③ 多元性，即采纳新政策的主体具有多元性，但尽管各政策主体在社会政治、经济、文化等方面存在差异，在政策行为上却仍表现出一致性或相似性；④ 交流性，即交流是促进政策扩散最直接有效的途径[164-165]。

在政策扩散模式与机制方面，周英男等[370]对有关政策扩散的485篇文章进行归纳整理，发现大多数学者运用事件史分析法将政策扩散模式归纳为内部决定模式、区域扩散模式和全国互动模式三种[371]；鲍伟慧[372]总结了四种政策扩散机制，包括从早期政策采纳者中学习、邻近城市之间的经济竞争、大城市之间的模仿及地方政府的强力推进，这与Mintrom、Blatter等[373-374]的观点相对应，即公共政策扩散主要有学习、竞争、强制和模仿四种机制；也有学者基于组织结构维度和政策选择理性基础，将政策扩散机制划分为四种基本的扩散机制，即效仿、社会化、学习和外部性[375-376]。而通过美国州政府禁烟政策的经验研究，Shipan等[377]揭示了政府间学习、竞争、模仿和压制等四种不同的扩散机制。随着学术界政策扩散路径研究的不断深入，学者们提出并完善了政策扩散模型，主要包括全国互动模型、区域传播模型、领导-跟进模型和垂直影响模型[369,378]，这四种模型被学术界广为接受，已成为解释政府推动政策扩散最为基础的四类分析框架。

在政策扩散影响因素方面，国内外的早期研究中共有三类影响政策扩散的因素。第一类因素表明政策扩散会受到当地政府本身的政治、经济、社会等特征影响，后两类因素则强调政策在政府间的扩散是各政府之间相互交流沟通后，其他地方政府可能产生对领先地政策行为的效仿，即政策实现了内部扩散、组织扩散和地域扩散[372,379-380]。王昶等[381]基于本地能力层面探讨了影响战略性新兴产业政策扩散的因素，他们从资源禀赋、产业实力、知识技能以及制度环境等角度衡量了本地能力，研究表明前三项正向影响政策扩散，而制度环境对政策扩散有阻碍作用。Leichter[159]进一步对英联邦近 40 个国家的具体政策扩散个案的考察总结发现，政府会基于重塑政治制度或实践、应对新情况或特殊情况出台相应政策措施、改变原有的失败政策、为其他政策制定收集信息、效仿已熟知的政策，以及避免其他国家的政策错误等动机，从而产生不同政策扩散路径。彭川宇等[378]从双重动力视角考察了城市人才政策扩散的动力因素，认为以经济发展水平和财政收入为代表的需求拉动因素与以府际关系、公众舆论和行政指令为代表的压力推动因子，都与政策扩散的动机密切相关，并且在不同地区和不同时期影响政策扩散的主导因素略有差异；Zhang 等[382]从内部需求、外部压力、政策创新环境和服务特性四个维度，建立了影响政策扩散的因素体系。Wejnert[163]从系统论视角对政策创新扩散机制进行整合研究，将创新扩散看作创新本身、创新者与创新环境构成的创新系统的产出，将所有扩散变量分为三类：第一类是创新本身的特征，包含政策采纳之后的成本收益和公私影响；第二类是影响政策采纳率的创新者特征，具体为创新者的社会存在体（个人、组织、州等）、创新者的新密性、情形特征、社会经征、社会网络中的位置及个人素质；第三类是环境特征，包括地理环境、政治条件、社会文化和全球一致性等[383]。周英男等[370]也基于政策属性、个体角度、组织层面和环境因素四个维度进行归纳，总结出的政策扩散影响因素与此不谋而合。

近年来，政策扩散理论的概念内涵、模型构建、研究方法等方面在西方都得到了进一步的丰富和发展，对于我国的政策实践及研究具有一定借鉴意义[384]。政策扩散现象也逐渐成为我国政策科学领域的关注热点。例如：有学者从概念、类型及发生机制角度对政策扩散、政策转移和政策趋同进行了比较分析[150,372]；通过引入政策过程论，区分跟风模仿与学习借鉴的标准[385]；陈芳[153]对政策创新及其扩散的理论演进进行了评述；吴光芸等[386]认为政策创新扩散视阈下长期护理保险制度的时空演进，是对现有的政策创新扩散理论的重要开拓和补充。此外，一些学者对政策扩散的中国模式进行了探讨，尤其关注具有我国特色的政策“试点-推广”现象，学者对城市低碳、行政审批制度、低保、环境政策、碳交易等政策领域进行了研究，并取得一定成果[369,387-390]。

产业政策，尤其是风电、光伏等战略性新兴产业政策，实质上是政府对产业发展的一种主动干预，其功能主要是弥补市场缺陷，有效配置资源，具体表现为加强对产业的引导，制定切实可行、利于产业健康发展的法规标准，以及出台具有前瞻性的方针政策和具体的补贴措施等[391]。一个新兴行业的生存和发展往往离不开政策的激励和引导，尽管促进风能、太阳能等可再生能源消费，实现清洁低碳发展的风电产业政策已成为实践界与学术界的热词，但从政策扩散视角对其进行研究的文献仍相对较少，主要聚焦在社会、公共政策等领域。与政策扩散中广泛讨论的社会政策不同，中国行业政策的制定主体包括中央和地方两级政府，地方政府对中央行政命令的贯彻落实以及地方政策创新过程使得政策体系得以形成，即政策宏观扩散过程，这一过程是创新政策从宏观渗透到微观企业的前提，没有政策体系的形成，政策的作用效果就无从谈起。

虽然政策扩散理论在我国已经被成功应用于多个领域，但对于产业政策扩散研究仍处于起步与探索阶段。叶选挺等[392]认为，中央政府和地方政府在推动产业发展过程中，会由于政策实施目标和手段不同，产生央地间的产业政策差异现象；地方政府除了对中央政策的贯彻落实，仍需针对本地区产业发展的特点，综合考虑技术、人才、资金对产业发展的限制，颁布针对性的产业发展政策。产业政策的实施往往能给当地带来经济效益，是地方政府官员绩效评价的重要指标，政绩动机推动着政策的采纳与扩散[376]；邢尊明[393]基于地方政府行为视角，探究了体育产业政策在地方政府间的微观扩散机理，但并未涉及政策是如何从中央政府扩散到地方政府这一过程。实践中，我国风电产业创新政策通过何种路径在全国范围内进行扩散？是什么力量在推动产业政策在各级政府间扩散？本成果将在理论和实证研究上开展有益的尝试。

本成果以政策扩散理论为框架，运用政策文本分析法和问卷调查法，探究我国风电产业政策在各级政府间的扩散路径及机理，为政府推进政策扩散进程、保证政策落地质量，以及提高政策实施效果提供参考。

我国政府从20世纪末开始对风电产业进行政策支持，1994年国家电力工业部下发《风力发电场并网运行管理规定（试行）》，1999年国家经贸委发布《关于进一步促进风力发电发展的若干意见》。在随后几个五年规划期中，国家逐渐提高对可再生能源财政资金投入和税收优惠的支持力度。

自2006年《可再生能源法》施行后，大部分地方政府以中央精神为指南，结合当地城市创新环境以及发展历程，陆续制定颁布行政命令促进当地风电产业的发展。例如，内蒙古自治区于当年发布了针对本地实际的风能资源开发利用管理办法，随后赤峰市政府基于国家和自治区政府的政策内容发布了市级实施意见；新疆维吾尔自治区人民政府办公厅于2007年转发自治区经贸委关于加快振兴装备制造业实施意见的通知；在中央和地方政府共同推动下，目前我国现有的风电产业政策领域，已基本形成了以“文件规划为主的战略型引导政策与经济支持、项目计划及行业规范等战术型实施政策”为基本架构的政策框架体系。① 受《可再生能源法》的带动和激励，中央各部门、各省、自治区、市政府颁布的关于促进可再生能源的开发利用，增加能源供应，改善能源结构，保护环境，实现经济社会可持续发展的实施意见等行政文件，是决定风电产业发展方向及基本思路的重要依据；② 受中央各部委发布的资金、技术、人才及项目管理等政策影响，地方政府施行的相应实施政策是地方政府促进区域风电产业资源定向配置的主要手段和推动区域风电产业布局的重要方式。围绕产业战略规划和战术实施两个产业政策主线，各级政府积极采用产业规划引导、实施财政扶持、建立产业基地、制定行业规范等多种协动性手段推动风电产业发展，逐步形成了我国政府发展风电产业的基本政策体系。

针对本成果所要考察的政府的风电产业政策扩散问题，从纵向、横向和双向三个层面提出研究假设。

（1）自上而下的政策推动式扩散

政策扩散理论认为，地方政府政策扩散速度和创新空间受上级政府影响[394]。与联邦制国家相比，在我国单一体制结构下，上级政府对下级政府的影响更强、更深[395-396]。中央颁布的意见规划类等行政文件是地方政府产业发展方向及基本思路的重要依据。中央政策命令提供了国家应对产业问题的政策方案，在产业发展过程中起着统筹协调、明确政策方向的作用，通过强制或利益激励方式推动政策方案在全国地方政府间迅速推广实施[396-397]。例如，国家发改委、国家能源局下发《关于印发能源发展"十三五"规划的通知》后，江苏、安徽、上海在中央政策引导下在 2017 年 4 月相继公布了本省市的能源"十三五"规划。

综上，中央委员会的行政指令（诸如法律、法规、政策、意见、通知等）、经济激励和政治激励都是增加全国各级地方政府采纳创新的重要方式。如果中央政府鼓励和推动风电等新能源产业发展，那么地方政府发展新能源产业的动力就越强，风电产业相关政策的采纳实施率也会越高。基于此，本书提出如下假设：

H1：中央政府下达促进风电行业发展的行政命令将增强我国各级地方政府采用有关政策的意愿。

此外，由于职位任免取决于上级政府偏好，因此政府官员在决策时往往表现出明显的"眼睛向上"倾向，如果某项政策是上级政府所认可和重视的，那么政府官员会表现得更加积极[391,398]。这种上级政府对下级政府官员晋升的控制产生了上下级政府间"命令-依赖型"的关系，使得地方政府更愿意执行那些与职务晋升相关度高、容易度量、执行较方便且效果可见的政策[399-401]。

H2："命令-依赖型"的上下级关系会影响地方政府对上级政策的采纳执行。

同时也存在某些地方政府会依据当地财政支撑能力和公众、产业结构、环保等客观需求对政策进行选择性执行。例如，山西省地方政府会根据当地财政支撑能力对当地煤炭企业给予政策保护，特别是具有强烈意愿的地方所属企业，会最终影响到对中央新能源政策的采纳执行[402]。

H3：地方政府的财政支撑能力会影响地方政府对上级政策的采纳执行。

H4：地方各级政府是否采纳实施上级政策受到地区客观需求的影响。

省级政府的行政指令可以有力促使政策向下级政府扩散[395]。与中央政策类似，省级政府鼓励产业发展政策文件的出台一方面增强了下级政府对政策合法性的认同，提升执行效率，另一方面下级政府迫于压力也会积极采纳、实施政策；在省级政府下达指令前，即使市级政府有可能结合当地情况试图主动推出新政策，但这项政策能否顺利推行很大程度上取决于省政府的态度与认可程度[403]。在现有体制下，由于省、市级政府之间存在行政垂直管理体制，省级政府可以通过控制官员晋升的方式影响下级政府决策，推进政策执行[404-405]。基于上述，本书有如下假设：

H5：省级政府以促进风电行业发展为目的而出台的行政命令，可以增强其管辖区域内市政府采纳执行有关政策的意愿。

我国的行政层级体系为中央—省—市，这决定了中央政府颁布的行政指令将通过两种途径影响市级政府对政策的认知与行为。一种是中央政府可以出台直接针对市级政府的相关规划、通知等行政命令以引导、规范城市政府的行为，即中央命令直接影响城市政府的行为；另一种则是中央政策发布后促进了省级政府相关配套政策发布，通过出台省级政策或项目推动市级政府的政策采纳执行，并且省级政策往往先于市级政策，政策扩散呈现按行政级别由高向低、自上而下的层级效应。相应地，在同时面临来自中央政府和省级政府的政策命令时，市级政府由于注意力、时间和资源有限，必须策略性地回应来自中央和省的双重压力，将其注意力、资源分配给不同的行政命令，市级政府的政策行为可能一部分来自中央政策命令的直接影响，也有一部分来自中央命令借助省级政策传导而产生的影响[406-407]。因此，提出如下假设：

H6：省级行政命令在中央行政命令与市级政府的政策采纳行为中发挥中介传导作用。

（2）自下而上的政策扩散

除了自上而下的政策推广，还有自下而上的政策扩散，上级政府从下级政府基于当地发展而进行的政策创新行为中得到政策启发，并且将政策创新成果推广运用至更大范围[369]。自下而上的政策扩散路径主要体现在“地方政策创新—上级政策学习—推广实行或调整修改”。在我国的政策发展过程中，上级政府的政策学习能力被认为是我国适应环境变化而成功改革的条件，而地方政府的政策实践往往是上级政府进行政策学习的重要来源[408]。通过政策学习，政府不仅可以获得新的知识，也可以降低自主创新的成本和风险。对成功经验的吸收和对失败教训的汲取都会推动上级政府出台政策，进而对地方政府产生影响。以当地实际情况为基础而推出的政策实践,以及受到上级政府指示的引导和政策试点实验,这两种都有可能成为地方政府政策创新的来源,地方政府的政策创新能够为上级政府提供多元政策启发。以青岛市最开始颁布的《青岛市大气污染综合防治2013年行动计划》为例,此项计划受到山东省政府和国务院的关注与认可,随后,2013年7月,山东省政府借鉴青岛市政府方案,出台了《山东省2013—2020年大气污染防治规划》《山东省2013—2020年大气污染防治规划一期(2013—2015年)行动计划》,并且,多数省份于国家层面的《大气污染防治行动计划》制定颁布前,已率先进行了政策创新行动。可见,青岛市的自主创新政策得到了上级政府的关注及赞赏,也为上级政府提供了政策学习方案。地方政府类似政策不断增多,其他地区的政策选择也体现出该政策方案的适应性较强,这提高了对上级政府全面推行政策的信心和决心。由此,本成果提出如下假设:

H7:所管辖区域的风电产业政策执行比例越高,该上级政府继续推出相关政策推广风电产业政策扩散的比例也会越高。

(3) 政府间横向自发式扩散

与地理距离较远省份相比,邻近区域政府信息交流频繁,且可能存在类似的经济、社会问题,政策会更容易向周围区域扩散。当某一省政府创新政策采纳后,一方面会对周围省份产生示范借鉴作用,周围地区通过该省份间的交流积极借鉴学习先进地区成功的经验,并结合当地的实际情况,推出适合当地的改革计划,这将大大降低改革失败的可能性,减少政策创新资本投入;另一方面则对其他处于相同竞争环境中的地区形成了"横向竞争压力",同级政府之间为了争夺稀缺的政治职位(如省长或省委书记谋求晋升为国家级官员)会围绕经济发展而展开激烈竞争,如江苏、安徽在国家《关于印发能源发展"十三五"规划的通知》引导下,在2017年4月相继公布了本省的能源"十三五"规划,除此之外,还有河南、河北、陕西、山西等地理位置相近的省区,实施政策的时间都比较相近。并且与其他省份的同等城市相比,一座城市更倾向于将其省内的兄弟城市视为竞争对手,因为他们共同面对省级政府的考核[387,409]。据此,若某地区临近或相似地区的风电产业政策采纳执行比例越高,那么该地区政府迫于竞争压力或学习动机采纳执行相关政策的概率越高。

H8:某地区临近或相似地区的风电产业政策采纳执行数量越多,则该地区采纳执行相关政策的概率也会越高。

综上,政策宏观传导及作用机理模型如图6-2所示。

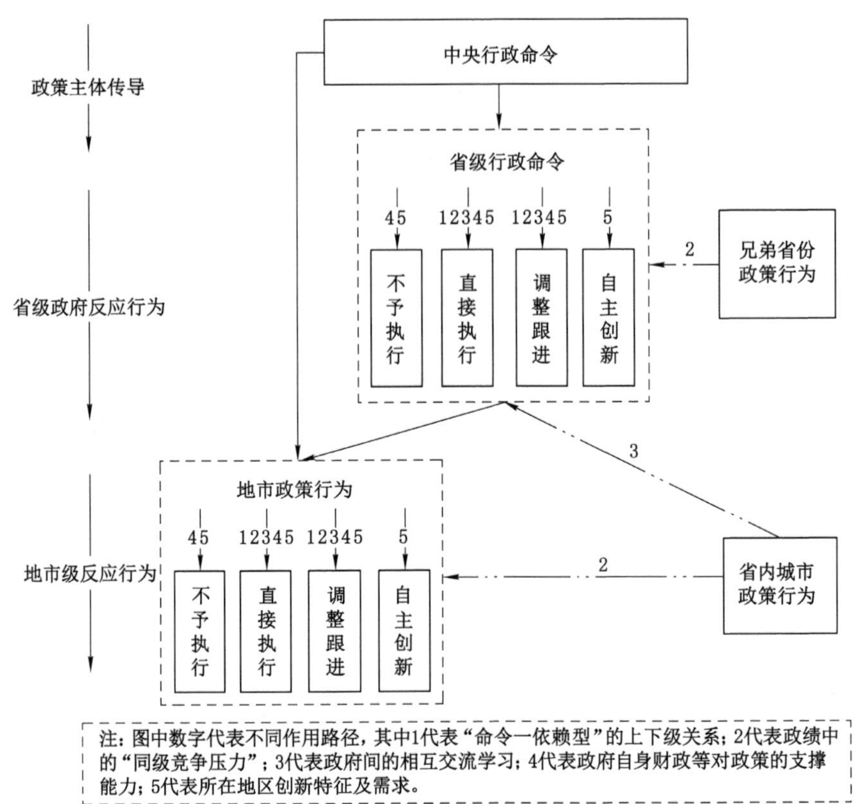

图 6-2　政策宏观传导及作用机理模型

6.1.2　数据来源和信效度检验

调查问卷主要围绕政策在政府间扩散路径及影响因素进行设计，目前针对政策扩散及影响因素调查的成熟量表并不多，本成果研究量表中初始题项的生成主要来源于两个方面。第一个方面，在借鉴有限的政策扩散研究相关量表的基础上，结合对政府公务人员深度访谈内容的整理分析结果，对量表进行本土化修正和改进。在这一过程中，本成果首先在研读分析国内外相关研究文献基础上，获取政府政策扩散的相关研究变量及概念表述，然后通过对徐州市发改委工业处、综合办的 3 名处长及副处长进行深度访谈，了解我国产业政策扩散的特征及模式；归纳分析得出相关研究变量、概念表述及可用的量表测量语句，并结合本成果研究目的、调查对象及政治特征对相关描述进行语义和情境上的本土化修正。第二个方面是根据研究变量的概念界定，对变量进行操作化定义，结合政府访谈内容及专家咨询结果，自行开发设计本成果所需的研究量表。

在形成初始题项后，邀请校内外六位来自经济管理、能源政策研究领域的专家和教授，请他们各自独立地对量表中变量的选择、操作化定义以及具体指标题项的合理有效性进行评价和建议；汇总评价后，我们保留了共同认可的题项，并对剩余题项根据建议做出修改或删除；然后邀请两名政府公务人员对修改后量表进行评价，主要是为了探讨确定本成果设计的具体指标题项是否符合我国政策扩散现状，以及量表语言的描述是否通俗易懂并做出修正；在该量表形成后，我们首先在本市实施预测试，然后根据测试的数据结果，结合测试过程中发现的问题及被调查者的反馈信息，对初始量表进行检验和修正，从而形成正式量表。量表主要包括政策纵向、横向扩散路径，政策扩散在政治、组织、区域竞争、客观需求、外部关注层面的影响因素，政策传导效率、效果及个人基本信息三大部分。其中，在政策效果方面，除了关于通用型政策问项，还重点增加了 10 个新能源(风电、光伏等)产业政策的政策现状感知相关问项。本问卷共 92 个题项。

对于政策扩散路径量表，本成果在借鉴政策扩散相关研究基础上，并结合我国政治背景，分为自上而下传导和自下而上传导的纵向扩散路径以及横向扩散路径，本土化设计开发了 16 个题项。大部分题项都借鉴李克特五级量表形式，被调查者被要求对这些题项进行独立赋分，据自己对问题的同意程度打分，其中，1 表示非常不同意，2 表示不同意，3 表示不确定，4 表示同意，5 表示非常同意，得分表示被调查者实行特定政策扩散行为的程度。我们自行设计题项，即“题项 1～7”是对政策自上而下扩散的考量，为探究上级不同类型政策命令对地方政府政策行为的影响，借鉴王晓珍等[59]对风电产业政策类型的划分，将风电产业政策分为战略型的引导型政策与战术型的支持型政策和规范型政策三类，分别设计了面对上级下发的“引导型政策”“支持型政策”“规范型政策”，再加上政府宽泛的通用型政策“行政命令”“配套政策”时地方政府的政策行为。其中，“配套政策”采取李克特五级量表形式；其他三类政策，即中央出台的某些指导意见、规划等引导型政策，财税、人力等支持型政策，技术、项目运行规范等具体操作类政策，本单位通常适度调整后下发执行/直接下发执行/并不执行，上级下发的政策文件，本单位通常适度调整后下发执行/直接下发执行/并不执行，共 12 个题项。考虑到相似题项重复填写可能带来调查者心理反感，造成有效问卷回收率过低，故将这 12 个题项缩减为 4 个五级定类题项，采取个体主观赋值方式，得分代表被调查者对上级行政命令的政策反应程度。其中 1 表示直接下发执行，2 表示小幅调整执行，3 表示部分调整执行，4 表示大幅调整执行，5 表示不执行，以便有效对政策行为进行分类。最终自上而下传导维度下有 7 个题项。

此外，根据教授和专家的修改建议，删除了横向扩散维度下“临近地区某些政策的领先示范效应有利于促进本地区/单位的政策行为”；增加了影响因素中组织因素下的“人力资本”“信息传递”，以及地区客观需求因素下“生态需求”；在政策效果维度下增加了对“提升经济效益、生态效益”“满足政策作用对象需求”的衡量。关于基本信息部分，本成果在性别、年龄、学历水平等个体人口统计特征基础上，增加了个体工作部门、工作部门级别、工作职务级别。其中，个体工作部门为填空题；工作部门级别分为5类：乡镇级、县市级、地市级、省部级、国家级；工作职务级别分为5类：科员、科（乡）级、处（县）级、司（厅）级、部（省）级及以上。政策扩散路径及影响因素的最终量表构成如表6-1所示。

表6-1 政策扩散路径及影响因素的最终量表构成

变量	维度或因素		对应题项	参考文献
政策扩散路径				
纵向扩散	自上而下传导	引导、支持、规范型政策，配套政策	Q1～Q7	刘凤良等[410]；Benson等[411]；Lockwood等[412]
	自下而上传导	政策创新	Q8～Q12	赵慧[413]；Massey等[414]；
横向扩散	横向竞争、学习		Q13～Q16	Alizada[415]
政策扩散影响因素				
政治因素	政治氛围		Q17～Q20	梁明辉等[416]；林叶等[417]；Kannan等[418]
	“命令-依赖型”关系		Q21～Q25	郭晓薇[419]；杨玉龙等[420]；Arbolino等[421]
	财政支撑能力		Q26～Q29	冯洁[422]；Mosier等[423]；Chatfield等[424]
组织因素	领导者需求		Q30～Q35	Massey等[414]；Morton等[425]
	人力资本		Q36～Q38	朱德米[426]；李健[427]
	信息传递		Q39～Q43	吴宾等[428]；Strebel[429]；谢俊[430]
区域竞争	临近地区、兄弟单位		Q44～Q46	Zhang等[431]

表 6-1(续)

变量	维度或因素	对应题项	参考文献
地区客观需求	公众需求	Q47～Q49	Kostka 等[399]
	产业需求	Q50～Q52	靳亮等[432];Alizada[415];Morton[425]
	环保需求	Q53～Q55	
外部关注	新闻媒体及社会媒体关注度	Q56～Q58	Chatfield 等[424];Alizada[415];邓智平[433]
政策评估	评估机制等	Q59～Q63	Massey 等[414]
政策效率	政策目标、政策导向、执行效率	Q64～Q66	张淑杰等[434];魏峰[435];Agovino 等[436]
政策效果	政府形象提升、经济和生态效益提升、满足政策作用对象需求	Q67～Q71	刘小燕[437];沈清基[438];Mosier 等[423]

本成果通过问卷网这一在线问卷调查平台,借助微信、QQ、微博等对问卷的网络链接进行扩散,主要调查对象为现在或曾经在政府任职的公务人员,为保证问卷填写质量,有效利用周围在政府部门工作人员的便利条件,将问卷链接在政府部门相关群中进行转发推送。共回收问卷 327 份,剔除了连续 8 题以上选择同一评价值、答案存在明显规律性或前后条款结论相矛盾的问卷共 23 份,最终得到有效问卷 304 份,有效率为 93%。有效样本覆盖全国 14 个省市,具体有北京、天津、甘肃、广西、江苏、上海、湖南、河南、安徽、贵州、四川、广东、山东、陕西;其中江苏省回收有效问卷 240 份,占比 78.9%。在样本代表性方面,包括政府办 92 份,发改委 59 份,能源局 33 份,自然资源部 16 份,经济和信息化委员会(简称经信委)6 份,科技厅 10 份,财政局 17 份,税务局 12 份,统计局 7 份,规划局 2 份,人力资源和社会保障局(简称人社局)18 份,档案局 6 份,另有 12 份问卷与新能源产业相关政策接触度较低(交通运输局、公安局等),14 份问卷未清楚标明所属部门。调查对象中,国家级部门人员 1 人,省级部门有 4 人,地市级 155 人(51.0%),县市级 93 人(30.6%),乡镇级 51 人(16.8%)。

采用 SPSS 22.0 进行因子分析,根据研究目标从问卷数据中选择部分数据进行实证分析。25 个题项的 KMO 值为 0.838,高于标准阈值 0.7,Bartlett 球度检验的显著性水平为 0。本成果运用最大似然解提取因子,并进行方差最大化正交旋转,采用 Kaiser 标准(特征根大于 1)并提取 7 个因子,累计解释贡献率为 66.8%,如表 6-2 所示。

表 6-2 主要研究变量的信度效度检验

	题项	因子载荷	累计解释贡献率/%
自上而下传导	Q1 上级下发的政策文件，本地区/单位通常会？	0.736	13.46%
	Q2 中央出台的某些指导意见、规划等引导型政策，本地区/单位通常会？	0.777	
	Q3 中央出台的某些财税、人力等支持型政策，本地区/单位通常会？	0.811	
	Q4 中央出台的某些技术、项目运行规范等具体操作类文件，本地区/单位通常会？	0.767	
自下而上传导	Q8 本地区/单位的某些政策行为能够吸引上级政府关注	0.761	23.73%
	Q9 本地区/单位的某些政策行为能够获得上级政府认可	0.762	
	Q10 本地区/单位的某些行为能够被上级政府推广	0.733	
	Q11 本地区/单位的政策行为会受到下辖单位政策行为的启发	0.520	
横向传导	Q13 兄弟城市同单位(如山东省发改委)率先出台某政策后，我单位(如江苏省发改委)也会出台类似政策	0.809	33.67%
	Q14 本地区兄弟单位(如江苏省发改委)率先出台某政策后，我单位(如江苏省经信委)也会出台相关政策	0.817	
	Q15 本地区/单位经常学习参考其他地区/单位的政策经验	0.521	
	Q16 其他地区/单位经常学习参考本地区/单位的政策经验	0.529	
“命令-依赖型”关系	Q22 上级政府/领导的目标偏好直接影响我的决策	0.808	43.17%
	Q23 本单位在政策制定实施过程中会首先考虑上级的各种意见、建议和工作指示	0.845	
	Q24 尽管有些上级政策不一定适合本地区实际，但本单位依然根据上级政策执行	0.632	
财政支持能力	Q26 本单位自身的财政能力不足以实施“配套政策”	0.750	52.13%
	Q27 本单位相关政策的执行经费主要依靠上级政府财政支持	0.617	
	Q28 本单位某些政策经常因为财政支撑能力不足导致无法完全执行	0.848	
	Q29 本单位某些政策经常因为财政支撑能力不足而推迟或延后执行	0.834	
区域竞争	Q44 本单位与兄弟单位之间存在竞争关系	0.644	60.38%
	Q45 本地区/单位政策绩效会影响上级对本地区/单位的评价	0.590	
	Q46 政策绩效的比较结果会影响本地区/单位的人员流动和职务升迁	0.792	
客观需求	Q47 本地区/单位政策决策时会考虑当地特色	0.704	66.8%
	Q49 本地区/单位政策决策时会考虑公众的认可和支持	0.812	
	Q50 本地区/单位政策决策时会考虑产业经济增长	0.802	
	Q53 本地区/单位政策决策时会考虑环境压力	0.732	

本书进行了内部信度分析，以检验针对某一因子所设置的题项是否能够衡量这一因子，7 个变量的 Cronbach's α 系数依次是 0.794、0.810、0.780、0.797、0.796、0.7139、0.849，所有 Cronbach's α 系数均远大于 0.70 的标准，各因子载荷系数均大于 0.5，因此保证了因子构造的一致性和有效性。

6.1.3　实证结果分析

表 6-3 总结了政策扩散路径的回归结果，由模型 1 和模型 2 可知，中央政策行为显著影响省级政策行为（$\beta_{Y1}=-0.282, p<0.05$；$\beta_{Y2}=-0.193, p<0.05$）；省级政策行为会显著影响地市级政策行为（$\beta_{Y1}=-0.408, p<0.05$；$\beta_{Y2}=-0.375, p<0.05$）；下级政府对上级政府的政府命令普遍采取直接下发执行或对上级政策进行小幅度调整后再下发执行的方式，政策扩散呈现出自上而下的层级扩散效应。H1 和 H5 得证。模型 3 和模型 4 的回归结果表明，省级政策行为也对中央政策行为产生显著影响（$\beta_{Y1}=0.589, p<0.05$；$\beta_{Y2}=0.641, p<0.05$）；地市级政策行为也对省级政策行为产生显著影响（$\beta_{Y1}=0.694, p<0.05$；$\beta_{Y2}=-0.641, p<0.05$），即下级政府政策行为能够得到上级政府的关注、认可，并进一步实现在全国范围内的推广扩散。H7 成立。同级别政府的政策行为会促进当地政府政策行为（模型 5 和模型 6），H8 得证。综上，政策的扩散方向是自上而下、自下而上和横向这三种，整体上呈现出"上下互动"的特征。

表 6-3　政策扩散路径回归结果

路径	结果变量			
	政策传导效率 Y1		政策效果 Y2	
	β	t	β	t
模型 1：中央政策行为→省级政策行为	−0.282**(0.098)	−2.88	−0.193**(0.095)	−4.34
模型 2：省级政策行为→地市级政策行为	−0.408***(0.094)	−2.02	−0.375***(0.093)	−4.02
模型 3：省级政策行为→中央政策行为	0.589***(0.086)	6.83	0.641***(0.079)	7.66
模型 4：地市级政策行为→省级政策行为	0.694***(0.09)	8.05	0.627***(0.092)	6.81

表 6-3(续)

路径	结果变量			
	政策传导效率 Y1		政策效果 Y2	
	β	t	β	t
模型 5：省级横向扩散	0.552***(0.082)	6.75	0.561***(0.077)	6.96
模型 6：地市级横向扩散	0.666***(0.096)	7.24	0.634***(0.095)	6.66
模型 7：中央—省(纵向＋横向)	−0.103(0.095)	−1.08	−0.089*(0.092)	−0.96
模型 8：省—地市(纵向＋横向)	−0.241*(0.103)	−2.34	−0.222*(0.102)	−2.19

注：*** 表示 $p<0.001$，** 表示 $0.001<p<0.01$，* 表示 $0.01<p<0.05$。表 6-4～表 6-7 同。

在验证政策纵向扩散和横向扩散同时存在的情况时，中央政府政策对省级政府政策传导效率的回归结果并不显著(模型 7，$\beta_{Y1}=-0.103$，$p>0.05$；$\beta_{Y2}=-0.089$，$p<0.05$)；而省级政府政策对地市级政府政策扩散的回归结果显著(模型 8，$\beta_{Y1}=-0.241$，$p<0.05$；$\beta_{Y2}=-0.222$，$p<0.05$)。对此可能的解释是，由于我国各省份之间的区域差异较为明显，各省份之间的产业结构和需求各不相同，各省份相对来说会依据当地需求选择性地采纳实施不同类型的政策。因此，在面对同一中央政策命令时，不同省份之间的政策采纳实施行为横向影响方面可能相对较弱；而省级政府政策在各市级政府间传导扩散时，省级政府的下辖城市之间由于存在类似的社会、经济问题以及政策环境，横向政策扩散发生的可能性更大。

表 6-4 展现了政策扩散在“中央—省—市”的三级层级体系中的因果中介效应。模型 1 和模型 2 是分别对政策传导效率和政策实施效果的回归结果。

表 6-4 政策扩散：中央—省—市间因果中介效应分析

	模型 1(Y1)			模型 2(Y2)		
	第一步	第二步	第三步	第一步	第二步	第三步
中央命令	−0.361*** (0.068)		−0.271*** (0.066)	−0.299*** (0.067)		−0.211*** (0.065)
省级命令		0.417*** (0.062)	0.356*** (0.062)		0.395*** (0.061)	0.348*** (0.062)

首先，模型 1 第一步结果显示，中央命令对城市政策命令的出台确实产生了显著影响，大部分城市政府会直接下发执行中央政策命令或者小幅度调整后下发执行；第二步则表明省级政策命令的出台会促进城市政府政策命令出台；第

三步中，当将中央命令和省级命令同时加入解释城市政府政策行为的模型中时，中央命令和省级命令对城市政策采纳实施产生显著影响，中央命令的系数由－0.361 下降为－0.271，且仍然显著。模型 2 同理，中央命令的系数由－0.299 下降为－0.211(显著)。因此，中央政策既能直接影响城市政府政策行为，也能通过省级行政命令间接影响城市政府政策行为。H6 获得支持。

为了进一步对不同类型政策的扩散路径以及以风电产业为代表的新能源产业政策进行分析，本成果对回收的 304 份有效问卷进行筛选，剔除了调查者所在单位为公安局、交通运输局和法院的 12 份问卷，剩余问卷为 292 份。借鉴已有研究，将风电产业政策分为战略型的引导型政策与战术型的支持型政策和规范型政策三大类。分类政策回归结果分析见表 6-5。

表 6-5　分类政策回归结果分析

	通用政策						新能源政策		
	引导型政策		支持型政策		规范型政策		引导型政策	支持型政策	规范型政策
	Y1	Y2	Y1	Y2	Y1	Y2			
中央→省	－0.105 (0.078)	－0.071 (0.076)	－0.255*** (0.076)	－0.151* (0.075)		－0.136* (0.084)	－0.116* (0.072)	－0.187** (0.071)	－0.191* (0.078)
省→市	－0.254*** (0.071)	－0.242*** (0.07)	－0.186** (0.062)	－0.135* (0.062)	－0.264*** (0.079)	－0.239** (0.079)	－0.165* (0.074)	－0.144* (0.067)	－0.214** (0.082)

首先，面对上级政府发布的不同类型政策命令，地方政府会策略性地选择采纳执行。针对风电等新能源产业政策，当中央政府下发引导型政策时，省级政府通常先进行大幅度调整才会下发执行；对中央发布的金融、财税等支持型政策以及规范类政策，省级政府一般直接下发执行或小幅度调整后执行。引导型政策作为中央的宏观战略指示，是地方政府产业发展和政策出台的方向，各地区会以中央政策精神为基本原则，结合当地财政水平、产业结构、区域特色等客观现状，制定更加行之有效的政策方案；而支持、规范型政策则是中央政府下发的战术性政策，对产业发展的资金、技术、设备等方面具有具体的支持或约束作用，下级政府一般会按上级政策要求执行，或依据当地实力增加支持规范力度；并且，相对于战略引导型政策，偏战术的支持、规范型政策对下级政策行为的影响更大。同理，省级政府出台的具体规范型政策对市级政策行为的影响大于省级战略引导型政策行为对城市政策行为的影响。

新能源政策扩散影响因素回归结果(表 6-6 和表 6-7)表明：

表 6-6　新能源政策扩散影响因素：中央—省间回归结果分析

	中央政策行为				省级政策行为							
	模型 1	模型 2	模型 3	模型 4	模型 5	模型 6	模型 7	模型 8	模型 9	模型 10	模型 11	模型 12
中央命令					−0.167* (0.085)	−0.184* (0.087)	−0.240** (0.088)	−0.154* (0.064)				
省级命令	0.512*** (0.077)	0.545*** (0.075)	0.582*** (0.078)	0.194* (0.079)								
同级单位政策行为									0.485*** (0.071)	0.534*** (0.068)	0.560*** (0.075)	0.253*** (0.067)
“命令-依赖型”关系	0.192*** (0.057)				0.289*** (0.062)				0.202*** (0.056)			
财政支撑能力		−0.175** (0.058)				−0.239*** (0.066)				−0.225*** (0.056)		
区域竞争			0.038 (0.065)				0.155* (0.072)				−0.008 (0.067)	
地区客观需求				0.653*** (0.078)				0.753*** (0.063)				0.635*** (0.070)

表 6-7 新能源政策扩散影响因素:省—市间回归结果分析

	省级政策行为				地市级政策行为							
	模型 1	模型 2	模型 3	模型 4	模型 5	模型 6	模型 7	模型 8	模型 9	模型 10	模型 11	模型 12
省级命令					−0.177 (0.099)	−0.300** (0.101)	−0.313** (0.101)	−0.087 (0.087)				
地市级政策行为	0.322** (0.100)	0.441*** (0.102)	0.472*** (0.104)	0.026 (0.105)								
同级单位政策行为									0.369*** (0.104)	0.496*** (0.103)	0.536*** (0.106)	0.167 (0.101)
“命令-依赖型”关系	0.314*** (0.076)				0.344*** (0.079)				0.298*** (0.077)			
财政支撑能力		−0.077 (0.079)				−0.063 (0.083)				−0.078 (0.078)		
区域竞争			−0.119 (0.106)				0.011 (0.108)				−0.141 (0.105)	
地区客观需求				0.721*** (0.103)				0.707*** (0.089)				0.659*** (0.095)

(1) 上下级政府间的“命令-依赖型”关系对政策在各级政府间的自上而下、自下而上和横向扩散三条路径中均产生显著影响，其中，在自上而下扩散过程中，“命令-依赖型”关系的影响作用最大($\beta=0.289$，$p<0.05$)，其次是在中央和省级政府间的横向扩散过程中影响作用也较大($\beta=0.202$，$p<0.05$)。

(2) 地区客观需求对政策在各级政府间的自上而下、自下而上和横向扩散三条路径中均产生显著正向影响，且地区客观需求在自上而下政策扩散过程中的影响作用大于其在自下而上扩散过程中的影响($\beta=0.753>0.653$，$p<0.05$)。

(3) 地方政府的财政支撑能力对中央和省级政府间的政策扩散过程具有显著影响，但对省级政府和城市政府间政策扩散过程的影响并不显著。

(4) 区域竞争仅在中央政策与省级政策自上而下的传导过程中具有显著影响，在其他政策扩散路径中的影响作用并不显著。

6.1.4 研究小结

本成果在理论分析基础上，引入政策扩散理论剖析了我国产业政策在各级政府间的扩散机制。通过自行开发的政策扩散的路径和影响因素量表以及304份有效问卷的实证分析发现：

(1) 风电等新能源产业政策在我国各级政府间的扩散呈现出自上而下、自下而上以及横向扩散三种方式，同时，政策的纵向扩散和横向扩散是同时存在的。我国单一制政体能够推动政策自上而下在各级政府间快速扩散；地方分权又使得地方政府能够自主进行创新，从而为上级政府提供多元政策方案，这和当前对于我国纵向行政体制的研究是一致的；同级政府之间的相互竞争或学习则促进了政策的横向扩散。当然，并非所有中央政策都适用于所有地方政府，地方政府会依据当地产业结构特征、财政水平等因素进行策略性选择，某些创新政策的扩散传播可能并不会被某些地方政府采纳执行。因此，各级政府在扩散过程中也未必需要完全线性发展轨迹，而需密切关注政策创新实施效果，预测政策实施后的经济效益和环境效益，在反复总结学习其他地区政策经验教训的基础上对政策方案进行不断调试，实现政策扩散路径的良性循环与互动，促进政策在央—地之间全面铺开。

(2) 面对上级下发战略型引导政策、战术型支持和规范政策，大多数地方政府会直接下发执行或小幅度调整后执行，政府间的政策行为并无明显差异，政策创新与再生产不足严重影响了政策扩散的质量，使得产业政策在不同省市的推广中难以完全发挥应有的政策效果。对此，更高的政治地位使得中央和省级政府比地方政府拥有更多的政策资源、机会和信息，应该给予下级地方政府更多的空间进行政策改革，提升其政策创新意愿，激励地方政府自发地进行政策扩散，同时，中央政府应进一步简政放权，在政策扩散过程中减少对地方政府政策内容本身的直接介入，给下级地方政策更多的政策空间，鼓励地方政府进行自主的政策扩散，提升政策失败的包容度，为地方政府政策创新扩散提供更大的发挥平台与拓展空间；作为处于政策底端的城市级政府，应对政策需求反应迅速，政策敏感度较高，优化政策扩散形式，由机械的微调执行政策转变为综合性政策创新，挖掘并实现政策扩散的潜在价值。

(3) 在政策扩散影响因素方面，相比于财政支撑能力和区域竞争，上下级之间的“命令-依赖型”关系和地区客观需求在刺激政策扩散方面效果更加明显。下级政府对上级政府的依赖关系使得上级政府的行政指令能够快速推动风电产业政策的推广扩散；同时，地区公众需求、产业经济及环保等客观需求的作用在政策扩散过程中也具有重要影响，地方政府在实践中应努力将风电产业的政策目标及动力内在化，充分发挥主观能动性及自主创新能力。此外，政治群体或政治流动也会影响政策扩散效果，未来可以更加深入地探究政策扩散影响机制。

对于我国政府来说，如何推进政策扩散进程，在此过程中保证政策落地质量，并最终取得良好的政策效果，是公共管理领域的一个重要课题。实践证明，综合把握风电产业政策扩散路径，精准发现其中的问题并积极应对，科学规划，协调发展，建立一个高效、协同的政策扩散机制，既是政策切实保障风电产业可持续发展的应有之道，也是实现经济换挡和创新强国建设的必由之路。

6.2 区域创新环境(中观)

目前，国内不仅地区间经济发展不均衡，而且整个市场经济的发展也不够成熟，各地区间的环境差异巨大，导致我国政策细则出台与执行面临大的障碍，并且也造成了政策落实的不确定性[259,439]。因此，区域创新环境对支持风电企业创新相关政策的影响是很重要的一个研究方向[67,260]。那么，在一系列产业政策的刺激下，如何让企业提升创新意愿，从而将创新意愿转化为实际创新行动，即“政策感知-创新意愿-创新行为”模型[271]，进而切实提升企业创新绩效。这就需要将区域创新环境纳入对企业创新的考量范围，依据不同区域创新环境，因地制宜地制定和实施差异化的产业创新政策，以便高效发挥产业政策作用和提升企业创新绩效。

6.2.1 理论分析与研究假设

风电企业的创新活动，无论是技术研发阶段还是市场转化阶段，都离不开外部环境的支撑[440]，需要外部环境提供足够的劳动力、资金、服务、信息等多种创新要素，而这些资源及所提供的资源质量能否满足企业需求，都与国家政策导向和企业所在地的区域创新环境息息相关。

已有学者认为，区域创新环境包涵公共基础设施、政策取向、金融资源、研发环境、人力资本、产业结构以及制度完善程度等多个层面[441]。国家和地方各个政府出台的一系列风电产业政策，诸如政府鼓励、环境需求等引导型政策，财税支持、税收支持、财政支持等支持型政策，运行规范、设备规范等规范型政策，这些政策的制定可以引导并优化区域市场调节机制，引起有效的创新资源要素向区域集聚[442]。同时，国家与当地政府颁布的政策也促进了相关市场和竞争机制发挥作用，为企业营造更有序的创新环境，然而政策下达时，由于我国不同地域在资源禀赋、社会和经济发展历程上的差异十分显著，区域创新环境也呈现出不同的特征[67]，对企业创新绩效水平的影响大相径庭。

区域创新环境较好的地区，一方面，创新制度环境更加完善，对人才的吸引力更大，外部投资者的投资态度与策略相对更加开放，可以为风电企业技术创新提供灵活广泛的服务环境与行业支持系统；另一方面，市场开放度更高、更有活力，当地经济的快速发展和人民生活水平提高促使消费者需求多样化、个性化和高端化[443]。这也成为当地风电企业创新的重要动力，较高的市场开放度也有效推动企业这一创新主体间的合作关系，他们都将更加积极主动地获取并分享创新活动的相关资源信息，合作关系越稳固，企业创新意愿越高。

风电企业属于战略性新兴产业，在技术快速迭代与激烈的市场竞争环境下，区域创新环境较差的省域可能无法满足风电企业的创新需求，由于地区创新体系薄弱，缺少与创新相关的机构，市场很小或已临近饱和，产业结构中大中型企业数量明显变少，丧失了大小企业间潜在的动态互补性，大学和企业间相交甚寡[444]，企业所在区域经济和制度条件阻碍了产业政策对企业创新绩效的提升；较差的区域创新环境不仅会对企业的技术创造活动起到阻碍作用，而且还有可能使风电产业政策为企业注入的资源出现浪费而影响企业以及当地的发展；国家强劲的创新政策的颁布与创新环境可能不能很好地将企业的创新成果转化为实际的经济价值，科技与经济脱节[439]，企业创新绩效难以得到提升。基于此，提出假设1：

H1：区域创新环境在产业政策（引导型政策、支持型政策、规范型政策）与风电企业创新绩效间发挥调节作用。

在风电产业政策中诸如研发补助、科研项目等与区域创新环境相关的构成要素对企业创新创造能力影响方面，区域创新环境对企业的创新创造能力影响与其所有制属性相关。国有企业更容易获得政府相关科技研发立项和经费支持等资源要素的支持[445]，且其良好的治理体系能有效挖掘政策与区域环境中蕴含的创新资源要素，结合自身特点充分发挥规模、制度优势，基于其创新关系网络实现和更大范围的研发合作，引导企业增加研发投入，激发企业主动创新创造动能，提升企业创新创造能力和核心竞争力[446]。民营企业目前仍对风电厂项目盈利能力的不确定性感到担忧，并且新的定价机制和大规模国有企业的不公平竞争可能进一步阻碍民营企业技术创新的意愿，且民营企业创新模式以引进、消化吸收再创新模式为主，原始创新比例较小，而这种创新模式对综合的创新环境依赖性并不是很大，并不太依赖企业在不断的非正式交往中的互动、协作来提高创新效率[447]。因此，提出假设 2：

H2：区域创新环境对产业政策与不同所有制属性的风电企业的创新绩效关系的调节作用存在差异。

6.2.2　变量定义与样本选取

本成果样本选取原则与数据来源保持统一（见 5.2.2　变量定义与样本选择）。

（1）因变量。创新绩效（EIP）用上市公司每年度的发明专利授权量加一的自然对数作为风电产业技术创新绩效的衡量指标。

（2）自变量。产业政策包括引导型政策（IP）、支持性政策（SP）和规范型政策（RP）。政策衡量方式与上述研究保持一致。引导型政策由环境需求、政府鼓励 2 项政策工具力度之和衡量，支持型政策为财税支持、金融支持、信息支持、采购支持、人才培养、并网支持、技术支持 7 项政策工具力度之和衡量，规范型政策由运行规范、设备规范、技术规范 3 项政策工具力度之和衡量。

（3）调节变量。区域创新环境（RIE）。本书将区域创新环境作为调节变量，探讨其对产业政策与企业创新绩效关系的影响效果，基于已有学者[67,270,448-449]的研究成果，本成果从政府支持、经济基础环境、研发环境、市场发育程度和产业结构 5 个层面考虑区域创新环境，采用这 5 个指标加权来衡量。

（4）控制变量。为控制其他因素对实证研究结果可靠性的干扰，本书对企业特征如企业年龄（Age）、企业规模（Size）、资产负债率（Lev）、净资产收益率（ROE）、产权比率（EQR）、独立董事数量（Independent）、董事长与总经理两职合一（Dual）、股权集中度（Herfi10）变量加以控制，在检验区域创新环境的调节作用时所有权结构（Ownership）也作为控制变量。具体变量定义与测量方式如表 6-8 所示。

表 6-8 变量定义与测量

变量类型	变量名称	变量代码	变量测度
因变量	企业创新质量	EIP	企业当年发明专利授权量加一的自然对数
自变量	引导型政策	IP	环境需求、政府鼓励 2 项政策工具力度之和
	支持型政策	SP	财税支持、金融支持、信息支持、采购支持、人才培养、并网支持、技术支持 7 项政策工具力度之和
	规范型政策	RP	运行规范、设备规范、技术规范 3 项政策工具力度之和
调节变量	区域创新环境	RIE	政府支持、经济基础环境、研发环境、市场发育程度和产业结构 5 个指标加权
控制变量	企业规模	Size	企业总资产的自然对数
	股权集中度	Herfi10	公司前 10 位大股东持股比例的平方和
	企业年龄	Age	企业上市年度到第 t 年的时间
	所有权结构	Ownership	国有企业记为 1，非国有企业记为 0
	资产负债率	Lev	负债总额/总产总额
	净资产收益率	ROE	净利润与平均股东权益的百分比
	产权比率	EQR	负债总额/所有者权益总额
	独立董事数量	Independent	独立董事数量
	两职合一	Dual	董事长和总经理兼任记为 1，其他记为 0

根据以上分析，综合考量创新政策类型和创新环境要素对企业创新绩效的影响，构建我国风电企业创新政策有效性分析框架，如图 6-3 所示。

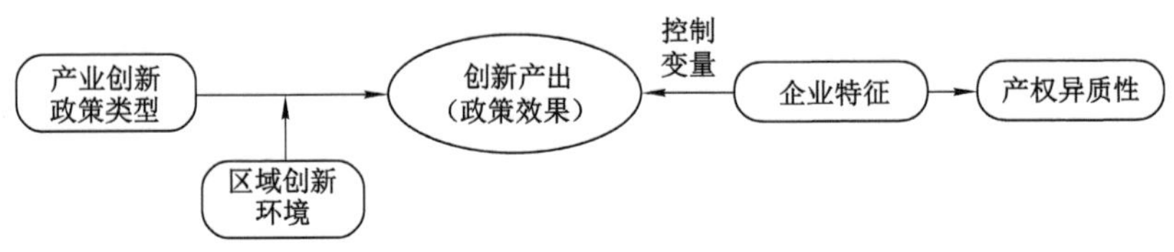

图 6-3 我国风电企业创新政策有效性分析框架

6.2.3 实证结果分析

6.2.3.1 区域创新环境的调节作用

表 6-9 展示了区域创新环境在产业政策与企业创新绩效之间的调节作用，由表 6-9 可以看出：引导型产业政策与区域创新环境的交互项对企业创新绩效的影响系数不显著，这说明区域创新环境在引导型政策与企业创新绩效之间的

关系中不起调节作用，但在一定程度上也可以解释，政府鼓励和环境需求等引导型政策主要是传达政府倡导风电企业发展的信号，形式较为宽泛，具体指向不明确，部分风电企业可能不会采取行动增加研发投入；此外地区经济发展不平衡，企业所处的区域不同，导致企业生命周期存在差异，因而企业对引导型政策的响应状态也可能不同。支持型政策与区域创新环境的交互项对企业创新绩效的回归系数为0.002，且在10%的水平上显著正相关，即区域创新环境对支持型政策与企业创新绩效具有显著的正向调节作用。这是由于涉及财税支持、信息支持、人才培养、技术支持等政策与区域创新环境的构成要素相关性较为密切，支持型政策对企业人、财、物等创新资源的扶持依赖于当地创新环境，相应地，区域创新环境较强也更有利于增强政策执行力度和效率，所以在创新环境较好的地域，支持型政策对企业创新绩效的作用效果明显增强。规范型政策与区域创新环境的交互项对企业创新绩效的影响系数为0.001，且在5%的水平上显著正相关，表明区域创新环境正向调节规范型政策与企业绩效的关系。随着风电产业的发展，风电运行中隐含的相关政策和技术问题逐渐显露出来，风电装机容量快速增长带来了供电企业运营管理风险，这严重制约风电企业的运行管理效率[59]，故政府制定了运行规范、设备规范等规范型政策，促使风电企业增强生产工艺、创新升级流程，对于经济、文化、政治、技术等因素较强的区域，规范型政策还可促进风电企业技术创新绩效。

表6-9　区域创新环境在产业政策与企业创新绩效之间的调节作用

变量	(1)	(2)	(3)
	EIP	EIP	EIP
IP	0.648**		
	(2.13)		
SP		0.777*	
		(1.91)	
RP			0.256
			(1.44)
RIE	−0.007	−0.013*	−0.007***
	(−1.59)	(−1.83)	(−2.65)
IP×RIE	0.001		
	(1.48)		

表 6-9(续)

变量	(1)	(2)	(3)
	EIP	EIP	EIP
SP×RIE		0.002*	
		(1.76)	
RP×RIE			0.001**
			(2.46)
Ownership	0.002	0.013	0.027
	(0.02)	(0.11)	(0.23)
Size	0.051	0.050	0.046
	(1.57)	(1.54)	(1.42)
Age	−0.041***	−0.041***	−0.042***
	(−6.21)	(−6.25)	(−6.42)
Lev	0.984***	1.023***	1.051***
	(2.70)	(2.80)	(2.86)
ROE	−0.069	−0.055	−0.011
	(−0.16)	(−0.12)	(−0.02)
Herfi10	−0.104	−0.155	−0.134
	(−0.28)	(−0.42)	(−0.37)
EQR	−0.073*	−0.077*	−0.077*
	(−1.68)	(−1.79)	(−1.79)
Independent	−0.070	−0.071	−0.070
	(−1.33)	(−1.36)	(−1.35)
Dual	−0.242	−0.272	−0.238
	(−1.09)	(−1.22)	(−1.07)
Constant	−4.086**	−5.651*	−1.470
	(−2.16)	(−1.94)	(−1.28)
Observations	834	834	834

注："*""**""***"分别表示在 10%、5%和 1%的水平上显著。

6.2.3.2 国有企业和民营企业样本回归分析

进一步对不同所有制类型的风电企业比较分析产业政策和区域创新环境对企业创新绩效差异影响，结果分别见表 6-10 和表 6-11。表 6-10 列示在国有企业样本中区域创新环境的调节作用，可以发现：引导型政策与区域创新环境的交互项对企业创新绩效的影响系数不显著；支持型政策与区域创新环境的交互项对企业创新绩效的回归系数为 0.002，且在 10％的水平上显著正相关；规范型政策与区域创新环境的交互项对企业创新绩效的影响系数为 0.002，且在 1％的水平上显著正相关。这表明在区域创新环境较强的地区，支持型政策与规范型政策更能提升风电企业创新绩效，区域创新环境在引导型政策与国有风电企业创新绩效关系中没有调节作用。表 6-11 列示在民营企业样本中区域创新环境的调节作用，可以发现：引导型政策、支持型政策、规范型政策各自与区域创新环境的交互项对企业创新绩效的影响系数依次为－0.002、－0.003、－0.001，且均不显著。这说明区域创新环境在产业政策与风电民营企业创新绩效的关系中呈微弱的、不明显的负向调节作用。区域创新环境对产业政策与企业创新绩效的调节效果和其所有制的属性相关联，体现政府风电产业政策侧重于国有企业创新绩效发展。为了满足中国风电产业发展和企业创新绩效提升的新要求，中国政府应该逐渐将支持型政策从侧重于国有企业向国有和民营风电企业齐头发展转变，允许不同所有制形式的风电企业与国有企业竞争，培育更有利于风电企业创新的环境[61]。私人资本目前仍对风电场项目盈利能力不确定性感到担忧，加上新的定价机制和大型国有风电企业的不公平竞争可能进一步阻碍私人资本对中国风电行业的投资热潮，因此政府应通过完善创新融资体系（如风险投资基金）和适当放宽高新技术企业 IPO（首次公开募股）的限制，进一步完善公司治理结构和市场化改革，以增强民营风电企业研发投入的积极性，从而使产业政策更好地服务于风电企业创新绩效提升。

表 6-10 区域创新环境调节效应的异质性检验：按产权性质分组回归（国有企业）

变量	(1)	(2)	(3)
	EIP	EIP	EIP
IP	1.240***		
	(3.06)		
SP		1.451***	
		(2.64)	
RP			0.491**
			(1.99)
RIE	－0.009	－0.018*	－0.009**
	(－1.50)	(－1.83)	(－2.56)

表 6-10(续)

变量	(1)	(2)	(3)
	EIP	EIP	EIP
IP×RIE	0.001		
	(1.54)		
SP×RIE		0.002*	
		(1.85)	
RP×RIE			0.002***
			(2.61)
Size	0.015	0.018	0.015
	(0.31)	(0.37)	(0.31)
Age	−0.067***	−0.066***	−0.067***
	(−7.21)	(−7.05)	(−7.33)
Lev	0.841	0.892	0.937
	(1.24)	(1.32)	(1.37)
ROE	0.047	0.022	0.039
	(0.08)	(0.04)	(0.07)
Herfi10	−0.394	−0.440	−0.412
	(−0.69)	(−0.78)	(−0.75)
EQR	−0.013	−0.021	−0.022
	(−0.27)	(−0.44)	(−0.46)
Independent	−0.158**	−0.165**	−0.162**
	(−2.27)	(−2.41)	(−2.37)
Dual	−0.748	−0.838	−0.740
	(−1.37)	(−1.51)	(−1.32)
Constant	−6.501**	−9.345**	−1.686
	(−2.50)	(−2.32)	(−1.00)
Observations	447	447	447

注："*""**""***"分别表示在10%、5%和1%的水平上显著。

表 6-11 区域创新环境调节效应异质性检验:按产权性质分组回归(民营企业)

变量	(1)	(2)	(3)
	EIP	EIP	EIP
IP	1.070**		
	(2.36)		
RIE	0.011	0.018	0.004
	(1.44)	(1.47)	(0.93)
IP×RIE	−0.002		
	(−1.63)		
SP		1.459**	
		(2.42)	
SP×RIE		−0.003	
		(−1.59)	
RP			0.587**
			(2.12)
RP×RIE			−0.001
			(−1.26)
Size	0.059	0.053	0.050
	(1.27)	(1.13)	(1.06)
Age	−0.013	−0.013	−0.012
	(−1.52)	(−1.49)	(−1.44)
Lev	3.073***	3.068***	3.057***
	(4.82)	(4.79)	(4.81)
ROE	−0.027	0.061	0.118
	(−0.04)	(0.09)	(0.18)
Herfi10	−0.408	−0.401	−0.379
	(−0.68)	(−0.67)	(−0.63)
EQR	−0.714***	−0.713***	−0.709***
	(−4.09)	(−4.06)	(−4.08)
Independent	0.051	0.057	0.056
	(0.69)	(0.77)	(0.76)
Dual	0.057	0.053	0.056
	(0.22)	(0.21)	(0.22)

表 6-11(续)

变量	(1)	(2)	(3)
	EIP	EIP	EIP
Constant	−7.405***	−11.200***	−4.054**
	(−2.66)	(−2.63)	(−2.28)
Observations	387	387	387

注："*""**""***"分别表示在 10%、5%和 1%的水平上显著。

6.2.3.3 稳健性检验

为了检验上述研究结果的稳健性和可靠性，本成果还使用专利申请量衡量企业创新绩效，同样对数据进行回归分析，考察产业政策、区域创新环境与企业创新绩效影响的关系，在全样本和不同所有制企业样本中，除模型中个别控制变量的回归系数符号和显著性水平发生变化以外，其余变量的回归系数符号和显著性都保持不变，说明原有的研究结论不存在因测量误差导致的内生性问题，因此模型的估计结果是较为稳健的。(此处将结果省略，留存备索)

6.2.4 研究小结

本成果以我国经济转型时期至近几年(2008—2019 年)我国部委级别及以上级别部门发布的 255 项风电产业政策为研究对象，探讨区域创新环境如何影响风电产业政策对企业创新绩效的作用效果，主要研究结论如下：

(1) 总的来说，风电产业政策的作用效果受到中观区域创新环境的影响，但是不同类型产业政策(引导型、支持型、规范型政策)对企业创新的作用力度受到区域创新环境影响的程度大小不一。具体来说，引导型政策受区域创新环境的影响较小，支持型政策和规范型政策的作用效果受区域创新环境影响较大，良好的区域创新环境能够有效放大政策作用效果。

(2) 根据企业所有制性质不同，将样本划分为国有企业和民营企业两组。分样本来看，不同分组样本企业的政策效果受区域创新环境的影响存在不同。在国有企业样本中，区域创新环境有力地强化了风电产业政策对企业创新绩效的影响效果，但是在民营企业样本中该强化作用不甚明显。

6.3 企业特征及决策团队(微观)

早在 1984 年 Hambrick 等[198]就提出了"高层梯队理论"，该理论认为组织绩效(战略决策和绩效水平)受到决策团队人口统计特征(包括职业背景、经验、教育水平、年龄、社会关系和决策团队异质性等)的影响,也受到决策团队人生价值观和认知能力的影响。此后多位学者沿用这一思路进行了深入探讨,如Cattani[450]提出企业异质性是认识企业行为的基础,企业在生产经营过程中通过核心知识和技术能力积累,影响企业的技术创新绩效,认为技术创新绩效与相关技能和知识积累具有正相关关系。Ruiz-Jiménez 等[227]从性别结构视角考察高管特征的影响,实证发现女性高管强化了管理能力对企业创新绩效间的正向影响;而 Mihalache 等[451]的研究则从战略决策方面细化高管特征对技术创新绩效的影响。具体而言,高层管理者作为企业生产、经营、研发等活动的关键决策者,通过对企业技术研发投入的力度与方向的抉择而对企业创新绩效产生影响。已有学者认为企业高层管理者是决定企业技术升级和产品改造的核心群体,是影响企业创新战略制定与执行效率的关键人员。然而,现阶段学术界对于风电企业高管特征、企业异质性等影响企业创新绩效的因素的理论研究起步较晚,且高管特性和企业异质性对风电企业创新绩效的影响效果也因行业特征和差异性的存在而呈现出明显不同。同时风电企业创新绩效是否受到高管特性及企业异质性的影响,以及其作用机理和影响路径还需要探讨,因此基于此角度展开分析影响风电企业创新绩效的因素、找出限制风电企业技术发展的因素等研究迫在眉睫。本成果期望通过这些研究鼓励风电企业增强创新意愿,突破技术发展瓶颈,优化风电产业结构。

6.3.1 理论分析与研究假设

6.3.1.1 股权集中度的调节效应

股权集中度体现了企业所有权的集中程度以及大股东对公司的控制程度。从"理性经济人"假设的角度,股权过度集中可能导致个别股东利用实际控制人的地位[452],为谋取个人利益或巩固其权利而以较多地占用资金、现金股利等方式侵占企业创新资源[453],或者因决策不够理性而滥用公司资源,而且创新活动的复杂性、多阶段性和产出的不确定性更容易加剧大股东的自利行为。大股东不愿将人、财、物等创新要素投入有利于企业长期发展的研发活动中,同时由于股权过于集中,导致企业股东间的权利差距较大,其他股东可能不足以对大股东的权利产生制衡和约束,更不易使资源真正实现效用最大化,从而对企业创新产生负面影响[454]。此外,创新活动的投入高、周期长、风险高,从风险规避心理层面考虑,股权越集中,少数大股东持有的企业股份份额越多,资产流动所受限制越大,大股东承担企业研发带来的大量资金贬值的风险越高[455],因此企业大股东会以自身利益最大化为主要目标,减少在创新方面的投资,进而对企业创新质量产生负面影响。

虽然股权集中有可能致使大股东利益高于公司整体利益，但这也极有可能提高企业决策的速度和执行力度[456]。股权过度分散导致的信息不对称可能使得管理者与股东利益不一致，以至于管理者会成为企业的真实掌控人。从经营者的视角来看，他们往往以自身的利益优先，减少对高风险、收益期限较长的研发项目的投资，而追求企业短期内的利益激增，这违背了股东们的追求目标[457]。随着股权相对集中，大股东更多地参与到企业的生产经营活动中，拥有更多的决策与监督管理者行为的权利，降低经营者自利以及短视行为发生的概率，大股东会用长远的眼光设立符合企业发展的战略计划[458]。因此对于企业而言，股东权利相对集中，其所拥有的主动权和能力会激励企业产生更多的研发意愿，实现创新绩效的提升。

由此，提出假设 H1a、H1b：

H1a：限定其他条件，股权集中度负向调节产业政策与技术创新绩效关系；

H1b：限定其他条件，股权集中度正向调节产业政策与技术创新绩效关系。

6.3.1.2 女性高管的调节效应

创新是企业在当今充满活力、全球化和不断变化的技术环境中维持和推动增长的关键机制之一。有据可查的是，创新有助于企业获得竞争优势、提高业绩、扩大市场份额并增加市场价值。鉴于其重要性，越来越多的研究考察了创新的决定因素，主要关注公司或国家层面的因素，如公司治理和法律环境。自高层梯队理论引入以来，最新研究表明，领导者的个人特质(如经历、价值观、信仰和性格特点)也是公司决策的重要决定因素。高层管理者作为公司制度和战略的顶层设计者，其对公司创新行为及结果具有重要影响。随着市场化程度和社会经济发展水平的提高，参与企业管理团队创新研发决策的女性高管占比越来越大，学者们对于女性高管能否促进技术创新绩效众口纷纭，高层梯队理论认为管理者特质和认知模式存在差异，不同性别的认知模式和思维模式会存在差异，从而影响高管团队决策制定过程[459]。已有研究人员分析发现女性高管因其优质的社会关系网络和人文情怀更有利于所在企业长期发展[214]；Wu等[215]指出，女性高管的管理风格相比于男性高管有更强的道德感，更加注重围绕合作，有较弱的控制水平，更偏向集体解决问题和决策等，这些特征与变革型领导方式高度契合，而变革型领导风格往往催生高效率、高绩效的创新，研究发现高管性别结构合理不仅有助于企业聚焦于创新战略，而且对管理绩效具有重要影响[212]。不同于上述学者，也有研究主张女性高管对企业技术创新绩效的提升作用并不明显，认为女性高管往往为风险厌恶型，她们更加保守且需要相对较长的时间接受新技术、新产品[213]；也有学者认为性别陈规定型观念和组织惯例等因素导致女性在管理活动中提出的想法可能不被鼓励或采纳，进而不能推动企业的创新活动[215]。基于以上分析，本书提出以下假设：

H2a：在相同条件的限制下，女性高管能够显著提升风电企业技术创新绩效。

H2b：在相同条件的限制下，女性高管的存在抑制了风电企业技术创新绩效的提升。

6.3.1.3 企业规模的调节作用

企业规模对企业创新的影响由熊彼特提出，随后一些学者研究发现，中小规模企业与外部投资者之间存在的信息不对称较严重，导致中小规模企业科研活动受到更多外部因素影响，进而抑制政府研发补贴的激励效应。相比于中小规模企业，大规模企业更容易获得 R&D 补贴，从而降低企业科研成本和提高抗风险能力，有利于发挥 R&D 补贴激励效应创造更多的科研产出，增强 R&D 补贴效应[460]。有学者同样发现，大规模企业的综合实力和整体声誉优于小规模企业，在融资、获取创新资源及风险承担等方面处于优势地位，利用内外部资源进行科研创新的意愿就较大，也就越有利于提高企业创新水平[222,224,461]。企业研发阶段与市场转化阶段都需要大额的资金和人才资本作为支撑，规模经济可以更好地满足风电企业技术创新需求，故企业规模越大，其投入技术创新的意愿越强烈。基于此，本研究提出假设 3：

H3：限定其他条件，企业规模正向调节产业政策与技术创新绩效关系。

6.3.1.4 融资约束的中介效应

鉴于中国的融资体系不健全，企业融资困难[12,50,462]，融资约束的存在致使风电企业难以承受基础研究和成果转化等创新各阶段所需的沉淀成本与固定成本，进而抑制了企业的创新意愿、研发决策，对风电企业的创新质量产生了负面影响[463-464]。政策的扶持方向及扶持程度隐含了政府和市场对产业发展预期的信息，产业政策的颁布必然会对企业获取信贷资源产生重要影响，因此政府政策对风电产业的帮扶，将使得融资约束与企业创新的关系复杂化[465]。具体而言，政府出台的风电行业政策通过缓解融资约束进而激励风电企业技术创新的微观作用机制，主要基于资源效应与信号传递理论，即国家和地方政府出台的政策不仅通过引入资金直接支撑企业技术创新活动，还可以间接缓解企业的融资困境，为企业开展技术研发引入资金支持，间接促进企业创新行为。一是资源效应。一方面政策的实施使得政企关系更加亲密，政府对想要扶持的产业将适当放宽行政管制、信贷约束等，帮助企业获取更多的金融支持，进而改善企业融资困境[466]，增强企业创新倾向，加大企业研发力度。另一方面政府针对受扶持产业出台的诸如财政补贴、税收优惠、低息贷款等政策，使得受助行业可以以较低的成本获取各项创新资源，减少已有创新活动企业的沉没成本和初次开展技术研发企业的边际成本，缓解企业现金流流失、弥补财力压力[467]，从而激发企业研发投入意愿，提升企业创新绩效。二是信号传递理论。企业与外部投资者之间的信息不对称问题严重阻碍了企业获取外部创新资本，企业融资难度增大[468]。政府对风电产业的政策扶持具有传递信号作用，不仅可以让外部投资者认为风电企业在一定程度上具有"良好前景"和"良好信用"[469]，提高对行业未来发展的期望，向外界传达了政府的信用认证信号，即政府支持风电企业的研发技术优势和研发项目的质量，从而降低银行和其他金融机构的信息收集成本，减轻融资双方的信息不对称程度，增强银行向政策支持企业放贷的意愿，企业能较容易从银行获得低成本信贷资金。相应地，政府补贴、税收支持等政策也释放出市场对风电企业研发项目潜在需求的信号，企业为了占领未来市场，将加大研发投入和产量[470]。总之，政策驱使金融机构合理安排信贷资源，有利于吸引更多风电行业外部投资[295]，拓宽企业融资渠道，有效缓解产业内企业面临的融资制约因素，间接促进企业创新。基于以上分析，本研究提出如下假设：

H4：产业政策能通过缓解企业融资约束促进风电企业创新质量。

6.3.2 变量定义与样本选取

本成果样本选取原则与数据来源保持统一（见 5.2.2 变量定义与样本选择）。

（1）因变量。因变量为创新绩效（EIP）。风电产业是技术密集型产业，专利是技术创新绩效的直接体现[471]，本成果借鉴已有研究思路，用上市公司每年度发明专利授权量加一的自然对数作为风电产业技术创新绩效的衡量指标。

（2）自变量。产业政策包括引导型政策、支持型政策和规范型政策。政策衡量方式与以上研究保持一致。引导型政策由环境需求、政府鼓励 2 项政策工具力度之和衡量，支持型政策由财税支持、金融支持、信息支持、采购支持、人才培养、并网支持、技术支持 7 项政策工具力度之和衡量，规范型政策由运行规范、设备规范、技术规范 3 项政策工具力度之和衡量。

（3）调节变量。本书研究中调节变量是股权集中度、企业规模以及女性高管比例。股权集中度（Herfi10）采用公司前 10 位大股东持股比例平方和测度；企业规模（Size）采用期末总资产的自然对数衡量；女性高管比例（Wmr）采用女性高管人数占高管总人数比测度。

(4) 控制变量。为控制其他因素对实证分析结果准确性与可信度的干扰，本成果加入了企业年龄(Age)、产权比率(EQR)、所有权结构(Ownership)、董事长与总经理两职合一(Dual)、资产负债率(Lev)、净资产收益率(ROE)、独立董事数量(Independent)等控制变量。具体变量定义与测量方式如表 6-12 所示。

表 6-12　研究变量定义与测量

变量类型	变量名称	变量代码	变量测度
因变量	企业创新绩效	EIP	企业当年发明专利授权量加一的自然对数
自变量	引导型政策	IP	环境需求、政府鼓励 2 项政策工具力度之和
	支持型政策	SP	财税支持、金融支持、信息支持、采购支持、人才培养、并网支持、技术支持 7 项政策工具力度之和
	规范型政策	RP	运行规范、设备规范、技术规范 3 项政策工具力度之和
中介变量	融资约束	Rp	SA 指数
调节变量	女性高管比例	Wmr	女性高管人数占高管总人数比
	企业规模	Size	企业总资产的自然对数
	股权集中度	Herfi10	公司前 10 位大股东持股比例平方和
控制变量	企业年龄	Age	企业上市年度到第 t 年的时间
	所有权结构	Ownership	国有企业记为 1，非国有企业记为 0
	资产负债率	Lev	负债总额/资产总额
	净资产收益率	ROE	净利润/所有者权益平均余额
	产权比率	EQR	负债总额/所有者权益总额
	独立董事数量	Independent	独立董事数量
	两职合一	Dual	董事长和总经理兼任记为 1，其他记为 0

6.3.3 实证结果分析

6.3.3.1 产业政策对企业创新绩效的回归结果

为验证产业政策对企业创新绩效的影响，本书进行了回归分析，表 6-13 中模型 1、模型 2 和模型 3 依次是引导型政策、支持型政策和规范型政策与企业创新绩效的关系，由模型 1、2、3 可知，各类风电产业政策均对风电企业创新绩效产生显著正向影响($\beta=0.801$，$p<0.01$；$\beta=1.118$，$p<0.01$；$\beta=0.463$，$p<0.01$)，但是支持型政策对企业创新绩效的作用力度最大。首先，以环境需求、宣传教

育、公开信息、政府鼓励等为主要路径的引导型政策，改善了社会大众对于风电产业的认知，使得行业内的经营、销售、研发等环境不断优化，这种类型的政策是以信息效应为基础来发挥作用，传递政府关注风电产业发展的信号，并提高公众对风电产品的认可度，从而鼓励企业创新研发投入的成本获得价值补偿，提升风电企业创新意愿。其次，规范型政策是指政府对企业设备规范、技术使用和运行条例等通过政策加以约束和调整，促使风电企业对产品质量更加重视，为了在行业中稳定并扩大市场规模，风电企业更加愿意自主创新、扩大研发投入，降低消费者使用产品时出现故障的概率，努力达到国家和当地政府对产品的要求和市场准入标准，这将相应地增强企业的盈利能力，企业将进一步利用营收所得支持技术创新活动，形成良性循环，最终实现企业创新绩效提升及产业价值链升级的战略宗旨。最后，人力、物力、财力等要素是实现企业创新意愿及维持企业创新活动的前提和关键，通过以财税支持、金融支持、信息支持、采购支持、人才培养、并网支持、技术支持等为主的支持型政策培养企业科技创新型人才，为企业研发活动配套创新基地建设，通过资金支持弥补企业创新成本，对风电产业技术创新项目的支持及提升企业创新绩效提供很大助力。

表 6-13 产业政策对企业创新绩效的回归结果

变量	模型 1	模型 2	模型 3
	EIP	EIP	EIP
IP	0.801***		
	(5.79)		
SP		1.118***	
		(6.33)	
RP			0.463***
			(6.12)
Ownership	0.337**	0.354***	0.352***
	(2.58)	(2.71)	(2.69)
Size	0.116***	0.112***	0.114***
	(3.15)	(3.07)	(3.11)
Age	−0.061***	−0.061***	−0.060***
	(−7.47)	(−7.61)	(−7.52)
Lev	0.959***	0.986***	0.983***
	(3.29)	(3.40)	(3.38)

表 6-13(续)

变量	模型 1	模型 2	模型 3
	EIP	EIP	EIP
ROE	−0.087	−0.084	−0.085
	(−1.33)	(−1.29)	(−1.30)
Herfi10	−0.470	−0.509	−0.514
	(−1.23)	(−1.34)	(−1.35)
EQR	−0.029	−0.030	−0.031
	(−1.10)	(−1.15)	(−1.16)
Independent	−0.174***	−0.171***	−0.175***
	(−2.97)	(−2.95)	(−3.01)
Dual	−0.102	−0.126	−0.095
	(−0.35)	(−0.43)	(−0.33)
Constant	−6.040***	−9.070***	−3.762***
	(−6.39)	(−7.12)	(−5.20)
Observations	834	834	834
R^2	0.108	0.115	0.112
F	9.946	10.66	10.37

注:“*”“**”“***”分别表示在 10%、5%和 1%的水平上显著。

6.3.3.2 产业政策对融资约束的回归结果

根据模型 4、模型 5 和模型 6 列示的结果(表 6-14)可知,引导型、支持型和规范型政策对融资约束的影响系数分别为−0.314、−0.401、−0.172,p 值均小于 0.01,这说明这三类不同类型的产业政策都与风电企业融资约束在 1%的水平上显著负相关,且支持型政策的系数绝对值更大。因此,不同类型产业政策(引导型、支持型和规范型政策)均对企业融资约束问题具有显著缓解作用,说明政府颁布的产业政策有助于缓解企业内部资金紧张问题,其中支持型政策对融资约束问题的缓解作用更强。

表 6-14 产业政策对融资约束的回归结果

变量	模型 4	模型 5	模型 6
	SA	SA	SA
IP	−0.314***		
	(−12.43)		
SP		−0.401***	
		(−12.42)	
RP			−0.172***
			(−12.47)
Ownership	−0.027	−0.027	−0.029
	(−1.12)	(−1.13)	(−1.21)
Size	0.128***	0.127***	0.127***
	(19.07)	(19.01)	(19.04)
Age	−0.020***	−0.020***	−0.020***
	(−13.44)	(−13.63)	(−13.72)
Lev	−0.114**	−0.120**	−0.121**
	(−2.15)	(−2.25)	(−2.27)
ROE	−0.016	−0.016	−0.016
	(−1.34)	(−1.34)	(−1.36)
Herfi10	0.121*	0.136*	0.138**
	(1.73)	(1.96)	(1.98)
EQR	−0.008	−0.007	−0.007
	(−1.61)	(−1.45)	(−1.44)
Independent	−0.001	0.000	0.001
	(−0.07)	(0.01)	(0.07)
Dual	0.024	0.029	0.020
	(0.45)	(0.55)	(0.37)
Constant	−4.419***	−3.456***	−5.342***
	(−25.61)	(−14.81)	(−40.42)
Observations	834	834	834
R^2	0.507	0.507	0.508
F	84.70	84.63	84.84

注："*""**""***"分别表示在 10%、5%和 1%的水平上显著。

6.3.3.3 融资约束的中介效应

为检验融资约束中介效用的假设，即融资约束在产业政策对企业创新绩效的影响机制中所发挥的中介效用，对产业政策、融资约束、企业创新绩效模型进行回归，回归结果如表 6-15 所列。从表 6-15 中可以看出：引导型、支持型和规范型政策对融资约束的影响系数为－0.609、－0.566、－0.582，且都在 1%水平上显著，表明产业政策颁布能够有效缓解风电企业融资约束；三种不同类型的产业政策对企业创新绩效的估计系数都通过了 1%的显著性检验，系数均为正值，这说明不同类型的产业政策都能在一定程度上增强企业技术创新绩效；结合表 6-13，未加入融资约束变量的模型回归结果显示，引导型、支持型和规范型政策对企业绩效的影响系数分别为 0.801、1.118、0.463，系数均大于加入融资约束变量后三类政策对企业创新绩效的影响系数。上述结果证实产业政策对企业创新绩效依然具有显著正向影响，且产业政策通过缓解企业融资约束，进而削弱融资约束对企业创新绩效的负面作用，上述表明融资约束在产业政策促进风电企业创新绩效之间具有中介效用。

表 6-15 融资约束的中介效应

变量	模型 7	模型 8	模型 9
	EIP	EIP	EIP
IP	0.610***		
	(4.07)		
SP		0.891***	
		(4.65)	
RP			0.363***
			(4.42)
SA	−0.609***	−0.566***	−0.582***
	(−3.20)	(−2.99)	(−3.07)
Ownership	0.321**	0.338**	0.335**
	(2.46)	(2.60)	(2.57)
Size	0.193***	0.184***	0.188***
	(4.42)	(4.22)	(4.30)
Age	−0.073***	−0.073***	−0.072***
	(−8.16)	(−8.19)	(−8.14)

表 6-15(续)

变量	模型 7	模型 8	模型 9
	EIP	EIP	EIP
Lev	0.889***	0.918***	0.913***
	(3.06)	(3.17)	(3.15)
ROE	−0.097	−0.093	−0.094
	(−1.48)	(−1.44)	(−1.45)
Herfi10	−0.397	−0.432	−0.434
	(−1.04)	(−1.14)	(−1.14)
EQR	−0.034	−0.034	−0.035
	(−1.29)	(−1.30)	(−1.32)
Independent	−0.174***	−0.171***	−0.174***
	(−3.00)	(−2.96)	(−3.02)
Dual	−0.087	−0.110	−0.084
	(−0.30)	(−0.38)	(−0.29)
Constant	−8.731***	−11.026***	−6.870***
	(−6.93)	(−7.73)	(−5.53)
Observations	834	834	834
R^2	0.119	0.124	0.122
F	10.08	10.59	10.38

注："*""**""***"分别表示在 10%、5%和 1%的水平上显著。

6.3.3.4 企业规模的调节效应

表 6-16 主要显示了企业规模在产业政策与风电企业创新绩效关系间发挥的调节作用，企业规模是企业自身最重要的特征之一，它的大小对创新绩效的影响效果仍值得研究。表 6-16 为企业规模的调节作应结果，引导型、支持型和规范型政策与企业规模的交互项影响系数在 5%的水平上显著为正，表示企业规模有调节作用，企业规模与企业创新息息相关。同时，交互项系数依次为 0.161、0.224、0.101，符号为正，说明企业规模增强了不同类型产业政策与创新绩效之间的促进关系。基于熊彼特提出的规模效应，大规模企业比资产总量较小的企业来说资源更加丰富，经济实力更加强硬，抗风险水平更高，强化了企业的创新激励、决策和管理，总而言之，企业规模强化了各种政策类型与风电企业创新绩效的关系。

表 6-16　企业规模在产业政策与企业创新绩效间的调节作用

变量	(1)	(2)	(3)
	EIP	EIP	EIP
IP	−2.885*		
	(−1.73)		
SP		−4.001*	
		(−1.88)	
RP			−1.839**
			(−2.03)
Size	−0.873*	−1.497**	−0.470**
	(−1.96)	(−2.24)	(−2.03)
IP×Size	0.161**		
	(2.22)		
SP×Size		0.224**	
		(2.42)	
RP×Size			0.101**
			(2.55)
Herfi10	−0.498	−0.546	−0.558
	(−1.31)	(−1.44)	(−1.47)
Ownership	0.343***	0.360***	0.362***
	(2.62)	(2.77)	(2.77)
Age	−0.062***	−0.063***	−0.062***
	(−7.61)	(−7.79)	(−7.73)
Lev	0.937***	0.959***	0.953***
	(3.23)	(3.31)	(3.29)
ROE	−0.083	−0.080	−0.080
	(−1.28)	(−1.23)	(−1.23)
EQR	−0.025	−0.026	−0.026
	(−0.96)	(−0.98)	(−0.99)
Independent	−0.167***	−0.164***	−0.167***
	(−2.86)	(−2.83)	(−2.89)
Dual	−0.079	−0.102	−0.072
	(−0.27)	(−0.35)	(−0.25)

表 6-16(续)

变量	(1)	(2)	(3)
	EIP	EIP	EIP
Constant	16.555	27.608*	9.513*
	(1.62)	(1.81)	(1.81)
Observations	834	834	834
R^2	0.113	0.121	0.119
F	9.535	10.28	10.08

注："*""**""***"分别表示在10%、5%和1%的水平上显著。

6.3.3.5 股权集中度的调节效应

由表6-17可以发现，引导型政策、支持型政策、规范型政策与股权集中度交互项的回归系数分别为1.915、2.420、1.093，且都在小于或等于10%的水平上显著，表明股权集中度增强了风电产业创新政策与企业创新绩效的关系，即在股权相对集中的企业，引导型、支持型和规范型政策对企业创新绩效的促进作用更强。随着股权集中度的提高，股东们对企业的监督和掌控能力更强，这会有效抑制管理者自利动机，极大程度避免经理人的利己活动，推进管理者和股东利益趋向一致，更多地考虑那些能够推动企业长远发展的创新活动，增强创新绩效。因此，拒绝H1a，接受H1b。

表 6-17 股权集中度在产业政策与企业创新绩效间的调节作用

变量	(1)	(2)	(3)
	EIP	EIP	EIP
IP	0.411*		
	(1.69)		
SP		0.618**	
		(1.97)	
RP			0.236*
			(1.72)
Herfi10	−12.191**	−17.869**	−6.849**
	(−2.03)	(−1.97)	(−2.12)
IP×Herfi10	1.915*		
	(1.95)		

表 6-17(续)

变量	(1)	(2)	(3)
	EIP	EIP	EIP
SP×Herfi10		2.420*	
		(1.92)	
RP×Herfi10			1.093**
			(1.98)
Ownership	0.318**	0.340***	0.340***
	(2.42)	(2.61)	(2.60)
Size	0.118***	0.115***	0.117***
	(3.21)	(3.16)	(3.21)
Age	−0.060***	−0.061***	−0.060***
	(−7.43)	(−7.59)	(−7.50)
Lev	0.936***	0.954***	0.949***
	(3.22)	(3.29)	(3.26)
ROE	−0.084	−0.082	−0.083
	(−1.29)	(−1.26)	(−1.27)
EQR	−0.027	−0.028	−0.029
	(−1.03)	(−1.08)	(−1.09)
Independent	−0.179***	−0.178***	−0.183***
	(−3.06)	(−3.06)	(−3.15)
Dual	−0.106	−0.129	−0.098
	(−0.36)	(−0.44)	(−0.33)
Constant	−3.660**	−5.513**	−2.478**
	(−2.37)	(−2.45)	(−2.55)
Observations	834	834	834
R^2	0.112	0.119	0.116
F	9.419	10.06	9.818

注:“*”“**”“***”分别表示在10%、5%和1%的水平上显著。

6.3.3.6 女性高管比例的调节效应

由表6-18可以发现,IP×Wmr、SP×Wmr、RP×Wmr的回归系数分别为−1.948、−2.595、−1.076,且都在小于或等于10%的水平上显著,这表明女性高管比例负向调节引导型、支持型和规范型产业政策与企业创新绩效之间的关系，说明当公司女性高管过多时不利于提高企业创新绩效，拒绝 H2a，接受 H2b。一方面，性别陈规定型观念和组织惯例等因素致使女性在管理活动中的想法不被重视甚至忽略，另一方面，女性高管往往为风险厌恶型，她们更加保守且需要相对较长的时间接受新技术、新产品。这些原因导致女性高管对企业创新活动起到抑制作用。风电企业应当正确面对高管性别差异的存在有一定概率会给企业带来不利影响，应着重改善高管培训和辅导体系，调整优化高管性别结构，更深地挖掘出女性高管在创新管理能力上的优势。

表 6-18　女性高管比例在产业政策与企业创新绩效间的调节作用

变量	(1)	(2)	(3)
	EIP	EIP	EIP
IP	0.986***		
	(5.83)		
SP		1.362***	
		(6.29)	
RP			0.563***
			(6.06)
Wmr	11.788*	18.441*	6.047*
	(1.89)	(1.94)	(1.79)
IP×Wmr	−1.948*		
	(−1.93)		
SP×Wmr		−2.595**	
		(−1.97)	
RP×Wmr			−1.076*
			(−1.87)
Herfi10	−0.444	−0.483	−0.485
	(−1.16)	(−1.26)	(−1.27)
Ownership	0.343***	0.358***	0.354***
	(2.59)	(2.72)	(2.68)
Size	0.114***	0.110***	0.112***
	(3.12)	(3.02)	(3.06)

表 6-18(续)

变量	(1)	(2)	(3)
	EIP	EIP	EIP
Age	−0.060***	−0.061***	−0.060***
	(−7.38)	(−7.50)	(−7.40)
Lev	0.907***	0.937***	0.941***
	(3.11)	(3.22)	(3.23)
ROE	−0.084	−0.081	−0.082
	(−1.29)	(−1.25)	(−1.26)
EQR	−0.026	−0.027	−0.028
	(−0.99)	(−1.03)	(−1.06)
Independent	−0.177***	−0.175***	−0.178***
	(−3.03)	(−2.99)	(−3.05)
Dual	−0.068	−0.091	−0.066
	(−0.23)	(−0.31)	(−0.23)
Constant	−7.109***	−10.751***	−4.264***
	(−6.34)	(−6.89)	(−5.40)
Observations	834	834	834
R^2	0.112	0.119	0.116
F	8.664	9.274	9.005

注:“*”“**”“***”分别表示在 10%、5%和 1%的水平上显著。

6.3.3.7　稳健性检验

通过使用政策滞后和被解释变量衡量指标替换方法对股权集中度、企业规模、女性高管的调节作应和融资约束的中介效应进行稳健性检验发现,上述研究结果的系数符号保持基本一致,无显著差异性,说明该部分研究结果是经得起推敲的。(此处将结果省略,留存备索)

6.3.4　研究小结

本书选取沪深 A 股风电企业作为研究样本,并将时间窗口确定为 2008—2019 年,采用调节作应和中介效应,实证分析了政府实施的不同类型的风电产业政策对企业创新绩效的影响效果、作用路径,结果如下:

(1) 引导型政策、支持型政策和规范型政策对风电企业创新绩效均具有显著正向影响，经过稳健性检验，结论仍然成立，且支持型政策对创新绩效的影响系数最大，即支持型政策更能有效提升风电企业技术创新绩效。

（2）融资约束在产业政策促进风电企业创新绩效过程中起到了重要的中介效用，即产业政策的颁布通过资源效应与信号传递效应降低企业融资成本，拓宽融资来源，有效缓解风电企业融资困境，为企业技术研发活动注入大量资金流，进而增强风电企业创新绩效。

（3）本书考察了股权集中度、女性高管比例及企业规模对不同类型产业政策促进风电企业创新绩效的调节作用，研究得出：股权集中度强化了不同类型产业政策对企业创新绩效的影响；女性高管比例负向调节不同类型产业政策对企业创新绩效的影响；相较于小规模风电企业，引导型政策、支持型政策和规范型政策对大规模企业创新绩效的提升作用更明显。

7 我国风电产业创新政策组合方案设计

7.1 基于 S-COPA 框架的风电产业创新政策发布方式设计

7.1.1 研究思路

在影响因素梳理和关键要素识别的基础上，运用内生转换回归模型探测我国风电产业创新政策对企业创新绩效作用效果的关键靶点；围绕政策靶点运用前期构建的 S-COPA 分析框架，拟将风电产业政策分为战略型和战术型两类，结合政策内容、主体、形式和力度等方面，构成 TS_1-COPA 和 TS_2-COPA 两大政策体系及若干政策细化方案；根据前期的作用机理和关键影响因素研究结果，在其他因素不变的情况下，通过不断调整政策组合方案，比较研究不同政策方案下创新绩效的变化情况，通过构造交互项、运用回归分析法最终筛选出我国风电企业创新绩效提升的科学政策组合方案。

其中交互项构造思路及回归分析具体步骤如下：① 构造某政策发布部门，如国务院与四类政策形式的交互项，然后回归分析交互项与因变量的关系，标记系数最大且正向显著的交互项（如果系数都为负，或者系数都不显著，或者虽有正向系数但是不显著，则步骤终止）为 A，即为最优政策形式；② 构造 A 与七类政策内容的交互项，然后与因变量一起进行回归，标记系数最大且正向显著的交互项（如果系数都为负，或者系数都不显著，或者虽有正向系数但是不显著，则步骤终止）记为 B，即为最优政策内容；③ 构造 B 与七类政策内容对应力度的交互项，然后与因变量一起进行回归，标记系数最大且正向显著的交互项（如果系数都为负，或者系数都不显著，或者虽有正向系数但是不显著，则步骤终止）记为 C，选取其中非零众数为最优政策力度。

在上述算法步骤中，可以允许出现多组最优解的情况；也可以得到若干次优解。同时，还可以对上述步骤进行改进，比如在第②、③步骤中放宽条件限制，允许程序在无最优解的时候返回上一步的次优解，从而令搜寻步骤继续进行。

具体研究思路及方法见图 7-1。

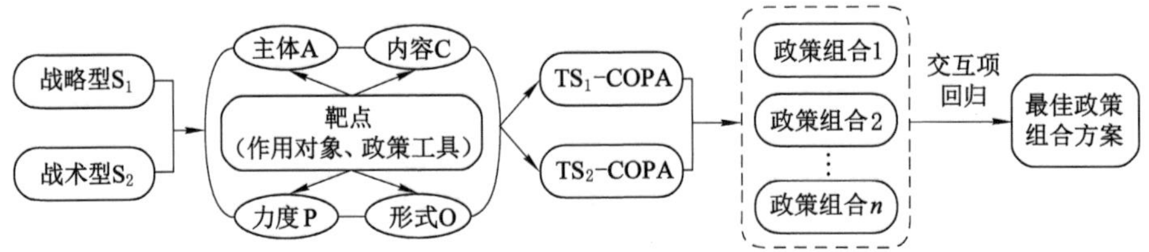

图 7-1 政策组合方案筛选思路方法图

7.1.2 政策内容组合

在政策效果评价的基础上，研究政策的有效搭配很有必要。鉴于研究的复杂性，本成果将研究重点放在目前发挥显著促进作用的七个政策内容小类上。考虑到政策发布部门中其他部门种类庞杂（既包括全国人大及其常委会，也包括商务部、科技部等部委），同时考虑到发改委作为“实权派”机构的现实，本成果在政策有效搭配的研究中将其舍去，集中研究发布风电产业政策较多的国务院、发改委、能源局和电监会。相应地，本成果关注除法律政策形式以外的“1～4”级。换言之，这一部分考察风电产业政策“部门—形式—内容—力度”的匹配问题。

以国务院为例，算法步骤同 7.1.1 节。限于篇幅，具体的计算结果备索；汇总的最优政策匹配方案见表 7-1。

表 7-1 最优政策匹配方案

部门(A)	靶点		
	形式(O)	内容(C)	力度(P)
国务院	6.392 5(0.322 9)***	5.513 9(0.141 9)***	3.527 8(0.068 3)***
	意见、规划	政府鼓励(S_1)	2;鼓励发展风电产业(S_1)
发改委	4.974 6(0.464 1)***	4.898 0(1.569 2)***	1.732 4(1.512 9)
	通知	设备规范(S_2)	3;限制风电设备行业产能等(S_2)
能源局	5.759 4(0.519 9)***	5.103 8(0.944 1)***	3.242 3(0.106 1)***
	办法	政府鼓励(S_1)	2;鼓励发展风电产业(S_1)
电监会	6.581 0(0.115 2)***	6.607 5(0.240 7)***	1.603 0(0.168 4)***
	通知	并网支持(S_2)	5;配套电网建设,并网衔接等(S_2)

注：“***”表示 1%水平上显著。

7.1.3　研究小结

表 7-1 显示,我国风电产业发展政策的“部门—形式—内容—力度”模式因部门而异呈现明显差异。为了进一步促进风电产业的健康发展,政策发布设计应基于 S-COPA 分析框架从“部门—形式—内容—力度”四个维度把握政策作用效果的关键点,匹配不同部门发布政策形式、内容及力度,改善风电产业创新政策效果。

结合图 7-1 和表 7-1,本研究认为 TS_1-COPA 战略性政策布局以国务院为主,发改委为辅或者国务院、发改委牵头的多部门联合发布;TS_2-COPA 战术性政策布局以各个部委尤其是能源相关部委的具体监管部门为主,如能源局和电监会等。具体而言,国务院的政策发布形式靶点在于以“意见、规划”的形式,政府鼓励是其政策内容靶点,但是政策力度不宜太大(2 级力度)。发改委的政策发布形式靶点在于以“通知”的形式,内容靶点应以发布风电设备规范为主要内容,但是作用力度仍待进一步的观察和讨论,目前建议采取温和型政策(3 级力度),印证了未来发改委有必要进行角色转型的观点。能源局的政策发布形式靶点在于以“办法”的形式,内容靶点应以各项政府鼓励为主要内容,但是力度不宜太大(2 级力度)。电监会的政策发布形式靶点在于以“通知”的形式,发布有关并网支持的相关内容,即内容靶点在于并网支持,而且应该伴以较大的力度(5 级力度)。需要注意的是,电监会即便采取较大的风电产业政策发布力度,政策收效仍然有限,因此,从风电产业发展的角度来看,电监会并入能源局是一种优势互补(5.759 4 和 5.103 8 分别低于 6.581 和 6.607 5,但是 3.242 3 高于 1.603 0),是风电产业发展的利好消息。

7.2　基于研发阶段视角的风电产业创新政策组合设计

7.2.1　分析框架构建

政策组合是当前研究产业政策对企业创新决策作用机理的主要方向,侧重于解构产业政策如何以匹配的方式在企业内部、组织结构间流动[282]。然而,政策组合扩散、信息性特征及对企业创新战略决策的影响没有得到足够重视,仅仅分析政策组合对创新行为的影响,这无疑是“失源”的[472]。由于创新决策是创新行为发生的先决条件,如果创新政策无法刺激决策者形成研发决策,那么讨论创新政策组合对企业创新产出的影响则毫无意义。创新政策组合以信号形式从政府传递到企业,并对企业技术创新活动产生影响,在这一信息传递过程中政策组合不是同时投放到企业创新全过程的。实际上，政策作用过程就是信息传导和信息反应过程：① 企业高层管理者接收到政府下发的产业政策，会根据自身过往的工作经验与知识储备对政策信号做出判断，即形成政策感知[473]，企业高层管理者在理性判断的基础上形成研发决策，这便是技术创新的第一阶段，本成果将这一阶段称为研发决策阶段。在此阶段，本成果着重探究在产业创新政策组合刺激下，政策激励企业研发决策的有效性及最优政策组合问题。② 企业研发部门在接收到企业研发决策后，开展相关创新活动并获得创新绩效[474]，即进行研发创新并取得创新产出，本成果将这一阶段称为技术创新。在此阶段本成果重点研究在由研发决策到技术创新的过程中，研发部门对创新政策组合的响应情况。

随着知识经济的发展，技术的适应性演化是一个具有较高复杂性的过程。拉马克主义认为环境是创新主体产生创新行为的诱因，创新主体对此做出反应，进行适应性学习，其适应性学习结果表现为新一轮的技术演化。刺激-反应模型由 Holland 等[149]提出，用以表达主体与环境的交互作用，该模型在描述主体对所处环境变化的反应机制方面具有较强的解释能力。因此，为深入揭示我国风电企业技术创新在政策环境中适应性的演化机理，本成果构建两重刺激-反应分析框架，分别对接风电企业在接受创新政策组合刺激后在研发决策和技术创新两阶段为实现效用最大化而采取的适应性改变。

此外，根据前文中政策扩散影响因素的分析可知，除了产业发展阶段本身，企业异质性是影响政策效果的重要因素，因此本成果控制了企业特征，具体研究思路框架如图 7-2 所示。

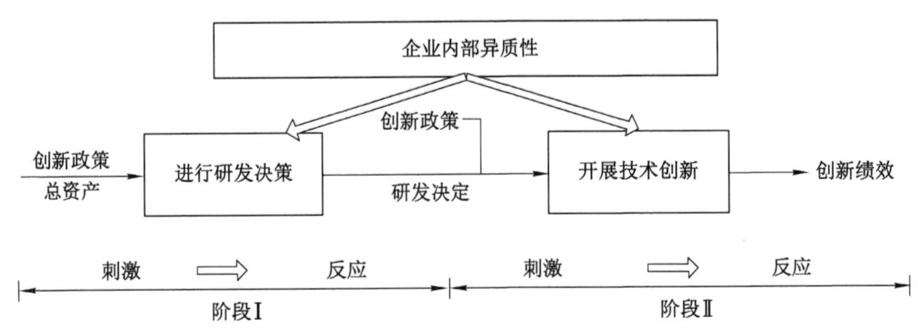

图 7-2 分析框架构建

7.2.2 变量定义与样本选取

本成果样本选取原则与数据来源保持统一（见 5.2.2 变量定义与样本选

择）。

7.2.2.1 自变量

（1）产业政策。产业政策包括引导型政策、支持型政策和规范型政策。政策衡量方式与以上研究保持一致。引导型政策由环境需求、政府鼓励 2 项政策工具力度之和衡量，支持性政策由财税支持、金融支持、信息支持、采购支持、人才培养、并网支持、技术支持 7 项政策工具力度之和衡量，规范型政策由运行规范、设备规范、技术规范 3 项政策工具力度之和衡量。

（2）企业总资产。针对企业资产与研发创新相关性的研究，所得出的结论争议不断。部分学者认为随着企业资产数量的增加，随之而来的机构臃肿、信息不对称等问题会抑制企业的研发创新活动。在某种程度上，由于经理人更加了解研发创新技术、更具有企业家创新精神和冒险精神，加上小规模企业灵活性较高，在创新积极性方面可能更胜一筹[475]。而邹国平等[144]指出创新和研发需要巨大的前期投入，企业资产的数量是决定人力资源水平和融资渠道状况的关键，进而对科研创新活动起决定性作用。鉴于本成果研究样本为风电行业上市公司，而风电行业技术创新项目多具有研发周期长、资金需求量大的特点，充足的资金支持是风电企业创新研发的首要前提，因此本成果选择企业总资产作为影响企业研发创新活动的自变量。

7.2.2.2 中间变量

企业研发创新活动为中间变量。首先，因技术创新项目信息不对称性、外部性等因素而形成的市场失灵导致企业研发投入受到阻滞，那么为克服市场失灵问题，政府通过出台一系列的产业政策保障企业研发投入回报，使企业对研发活动成功的信心发生转变，使得产业创新政策对企业研发创新活动具有正向影响[26]；与此同时，企业研发创新活动是企业创新绩效的直接来源[476-477]，因此本成果认为企业研发创新活动是产业创新政策影响创新绩效的中间变量，选择企业研发投入加一的自然对数作为表征指标。

7.2.2.3 因变量

企业创新绩效为因变量。专利是衡量企业创新绩效的直接体现，能够客观反映企业创新产出，且专利计数方法在已有研究中用于估计技术变化的不同方面，是学者们普遍认可的企业创新绩效衡量指标[344]。本成果借鉴以上学者的研究思路，用专利授权量加一的自然对数作为风电企业创新绩效的衡量指标。

7.2.2.4 控制变量

为了控制其他因素对企业创新绩效的影响，在借鉴现有研究的基础上，本成果引入企业规模(Size)、企业年龄(Age)、所有权结构(Ownership)、股权集中度(Herfi10)、独立董事人数(Independent)、资产负债率(Lev)、净资产收益率(ROE)、产权比率(EQR)作为控制变量。

7.2.3 实证结果

柯布-道格拉斯生产函数自问世以来在生产理论研究中应用广泛，鉴于本成果研究的重点为政策组合效果，而引入制度要素的柯布-道格拉斯函数在制度层面的绩效评价及其影响因素分析等方面具有较强的解释能力。因此，借鉴张国兴、Eggertsson、Campenhout 等[30,478-479]学者的研究思路，本成果构建含政策要素的柯布-道格拉斯生产函数如下：

$$Y_{it} = F(Z_{it}, PME_{it}) \tag{7-1}$$

对式(7-1)取对数得到线性计量模型：

$$\ln Y = \beta_0 + \beta_z \ln Z + \sum \beta_{PME} \ln PME + \sum \beta_C \ln C + \varepsilon \tag{7-2}$$

其中：Y 在第一阶段表示研发决定，在第二阶段表示创新绩效；Z 在第一阶段表示企业总资产，在第二阶段表示企业研发创新活动；PME 表示政策工具组合；C 表示控制变量；ε 为干扰项。

7.2.3.1 产业创新政策对研发决策阶段的影响

根据表 7-2 的回归结果可以发现：① 企业总资产对风电企业开展研发活动具有显著正向影响。风电行业技术创新项目多具有研发周期长、资金需求量大、融资渠道复杂的特点，而充足的资金支持是风电企业研发创新的首要前提。企业资产的数量是决定人力资源水平和融资渠道状况的关键，进而对研发创新活动起决定性作用。② 在第一阶段，分析引导型、支持型和规范型三类单一政策发现，只有引导型政策对风电企业开展研发创新活动产生显著影响，其他两类政策均无显著影响。这无疑验证了我们之前指出的企业尤其是战略性新兴行业的技术创新活动因产业创新政策系统多维复杂性的影响，单一政策难以行之有效地鼓励企业开展研发创新活动。③ 支持型政策和规范型政策的政策组合令人意外地对我国风电企业知识获取具有显著负效应，每增加 1%经济政策和经济政策规范政策的政策组合的效力，企业研发投入减少 0.96%，表明“恩威并施”的政策组合并未行之有效。可能的原因在于：政府起草规范型政策要求风电企业对风电设备或风电场建立相关技术标准的技术规范政策，则无疑为未来风电企业技术创新指明发展方向和前进道路，但以财税支持、金融支持、政府采购为主要形式的支持型政策起到政策“兜底”的作用，较大程度上导致企业的竞争意识和创新意识不足，进而出现“骗补”的不良行为，造成部分风电企业会因对支持型政策的过度依赖而对企业内部研发投入产生“挤出”效应，不利于此类风电企业研发创新，从而抑制支持型政策和规范型政策的政策组合效果。④ 引导型政策和支持型政策的政策组合负向影响我国风电企业的研发投入，进一步验证当前我国过度实施支持型政策，对企业内部研发投入造成严重“挤出”效应。⑤ 引导型、支持型和规范型三类政策的组合对我国风电企业研发投入有正向影响，但是不显著。而前文所提及的两类政策组合(引导型政策与支持型政策、支持型政策与规范型政策)则对企业研发投入具有负向影响，这从侧面反映出当前我国在产业政策组合设计方面仍不得要领。我国复杂而多变的创新政策往往导致政策组合缺乏一致性，并进一步导致经济行为者的风险回报感知，并增加不确定性[17]，从而对企业研发创新活动造成不利影响。

表 7-2　产业政策对风电企业创新两阶段的回归结果

阶段 1:研发决策:因变量:RDE			阶段 2:技术创新:因变量:EIP		
变量	RDE	RDE	变量	EIP	EIP
Size	0.518***	0.521***	RDE	0.105***	0.106***
	(4.71)	(4.74)		(6.69)	(6.75)
IP		5.487***	IP	−2.245***	
		(2.81)		(−2.86)	
SP		−5.229	SP	3.794**	
		(−1.40)		(2.54)	
RP		0.191	RP	−0.134	
		(0.15)		(−0.26)	
IP×SP	−0.708		IP×SP		0.589
	(−0.70)				(1.46)
IP×RP	0.115		IP×RP		−0.031
	(0.08)				(−0.06)
SP×RP	−0.956**		SP×RP		0.587***
	(−2.08)				(3.19)
IP×SP×RP	0.171		IP×SP×RP		−0.112
	(0.65)				(−1.06)
Ownership	0.516	0.505	Ownership	0.438***	0.431***
	(1.33)	(1.31)		(2.83)	(2.79)

表 7-2(续)

阶段 1:研发决策:因变量:RDE			阶段 2:技术创新:因变量:EIP		
变量	RDE	RDE	变量	EIP	EIP
Age	−0.146***	−0.145***	Age	−0.046***	−0.045***
	(−6.03)	(−5.99)		(−4.81)	(−4.70)
Lev	0.094	0.030	Lev	2.528***	2.495***
	(0.09)	(0.03)		(6.27)	(6.18)
ROE	−0.138	−0.132	ROE	−0.145**	−0.141*
	(−0.76)	(−0.72)		(−2.00)	(−1.94)
Herfi10	−0.552	−0.524	Herfi10	−0.544	−0.523
	(−0.47)	(−0.45)		(−1.22)	(−1.17)
EQR	−0.003	0.003	EQR	−0.106***	−0.102***
	(−0.03)	(0.04)		(−2.93)	(−2.83)
Independent	−0.023	−0.021	Independent	−0.229***	−0.227***
	(−0.13)	(−0.12)		(−3.39)	(−3.37)
Dual	0.508	0.564	Dual	−0.339	−0.309
	(0.68)	(0.76)		(−1.14)	(−1.03)
Constant	29.798	9.596	Constant	−13.488**	−21.431
	(0.87)	(0.66)		(−2.33)	(−1.58)
Observations	639	639	Observations	639	639
R^2	0.120	0.119	R^2	0.197	0.199
F	6.559	7.048	F	12.79	11.98

注:“*”“**”“***”分别表示在 10%、5%和 1%的水平上显著。

7.2.3.2 产业创新政策对技术创新阶段的影响

根据表 7-2 的回归结果可以发现:① 风电企业开展研发创新活动对风电企业获得创新绩效具有正效应,表明研发创新活动是获得创新绩效的前提条件。② 在第二阶段,引导型政策对风电企业创新绩效具有显著负向影响,支持型政策对企业创新绩效具有显著正向影响,这可能是因为支持型政策虽然对企业内部研发投入具有“挤出”效应,但是具有信号传递作用,可以向市场中其他金融主体释放政策利好信号,引导外部资金流入企业。③ 支持型政策和规范型政策的政策组合对我国风电企业技术创新具有显著正效应,每增加 1%支持型政策和规范型政策的政策组合效力,企业创新绩效提高 0.59%,可能的原因是:政府要求风电企业对风电设备或风电场建立相关技术标准的技术规范政策，增加了风电企业运营成本，降低了风电研发投入积极性，阻碍了风电企业知识获取活动。当规范过于僵化和狭窄时，企业创新的可能性就会降低，且清洁技术表现出较高的不确定性、监管依赖性和资本密集度，由于信息不对称和有限的理性，使得私人市场金融机构对潜在的可再生能源技术投资目标的筛选能力有限[350]。而包括财税支持、金融支持、技术支持等支持型政策虽具有提高储蓄-投资转化效率、增加投资及激发企业家精神、提高资源配置效率等作用，对于企业前期知识创新具有极大的保障作用，但是当该类政策投入过多时，可能会挤出企业内部研发投入支出，对企业科研创新活动产生不利影响。④ 与支持型政策和规范型政策的政策组合效果相反，引导型政策、支持型政策和规范政策的政策组合对我国风电风电企业技术创新具有显著负向影响，进一步说明我国当前政策组合制定仍然有许多完善空间。

7.2.4　研究小结

风电产业创新政策有效性问题始终是学术界和企业界共同关注的焦点问题，然而目前尚无定论。因此，本成果构建两重刺激-反应分析框架，以 2008—2019 年我国部委级别及以上级别部门发布的风电产业政策为研究对象，探讨我国宏观创新政策对我国微观风电企业创新绩效的影响，识别政策实际作用阶段内政策靶点，以期为评价我国的政策有效性提供经验证据。目前得到如下基本结论：在风电产业发展的整个周期中，因作用阶段不同，政策组合对风电企业创新绩效的影响也不尽相同，部分政策组合不仅有效促进风电企业技术创新，而且精确作用于技术创新不同阶段政策靶点，并有助于解决现有的或新的系统性问题。在研发创新决策阶段，单一引导型政策的作用效果更加显著，能够有效刺激风电企业快速决策，加入产业研发创新的大军中来；在技术创新阶段，支持型政策和规范型政策的政策组合更能促进企业创新绩效提高。而其他政策或政策组合可能是无效的甚至是破坏性的，如研发决策阶段的支持型政策和规政策的政策组合，技术创新阶段的单一引导型政策，引导型政策、支持型政策和规范型政策的政策组合。因此，在系统考虑风电企业研发创新内部各环节关系的基础上，采用政策组合方法制定高效率的风电产业政策，增强风电产业创新政策体系的整体作用显得尤为必要。

8 提升我国风电产业政策驱动效果的政策建议

8.1 现行风电产业政策驱动效果

近年，我国风电产业发展迅速，风电产业创新政策陆续发布且增速明显，但是关于风电产业创新政策发布历史特征和现实实施有效性的相关研究明显滞后。本成果首次通过系统梳理和量化我国在1994—2020年发布的321项风电产业创新政策分析其历史演进过程，并根据我国风电产业发展阶段选取2008—2019年的政策作为研究对象，探索产业政策对风电企业创新的作用效果及可能影响政策实施效果的相关因素，本成果所得研究结论如下所列。

8.1.1 政策历史演进解析(核心政策、阶段、部门)

(1) 不同阶段核心政策需求不同。根据不同时期风电产业发展特点，将其划分为萌芽发展期、快速发展期和优化发展期三个阶段。在风电产业萌芽发展期，信息支持是促进风电产业发展的核心政策工具；在风电产业快速发展期，政府鼓励是促进风电产业发展的核心政策工具；在风电产业优化发展期，政府鼓励的作用力度最大，即政府鼓励不仅是快速发展期促进风电产业发展的核心政策，也是优化发展期的核心政策。

(2) 在政策核心部门方面，国家能源局和国家发改委是推动风电产业规模化发展的关键部门，电力工业部和国家经贸委是督促风电产业发展的主管机构和监督机构。

8.1.2 基于政策发布类型视角评价风电产业创新政策效果

(1) 对比战略型政策(S_1)、战术型政策(S_2)对风电企业创新的作用效果，可以发现战术型政策(S_2)的作用效果更显著；对具体政策工具作用效果分析发现，归属于战略型政策(S_1)中的政府鼓励和归属于战术型政策(S_2)中的并网支持、财税支持、技术支持、技术规范、运行规范、设备规范这7类政策工具发挥显著的促进作用，其中运行规范作用效果最强。

(2) 从政策出台方式看，运行规范、设备规范、并网支持、财税支持等战术型政策(S_2)内容和力度对风电企业创新的刺激作用显著。

(3) 从政策发布形式看,各部门颁布的条例部令以及通知对企业创新的作用力度强于法律(最高级别政策)和通知(最低级别政策)。

(4) 从发布部门看,由国务院颁布的政策最能引起社会各界对风电产业创新的重视,电监会和国家能源局制定的相关政策也是促进风电产业发展的重要因素。有意思的是,发改委作为"实权派"机构,对风电产业发展的影响效果并未达到理想效果。

8.1.3 基于创新产出质量视角的风电产业创新政策效果

(1) 引导型、支持型和规范型三类产业政策对风电企业核心技术创新均具有重要的拉动作用,同时还会导致企业出现非核心技术创新,表明企业存在政策迎合倾向。

(2) 引导型、支持型和规范型三类产业政策对企业创新的影响具有差异性:支持型政策对企业核心技术创新的影响力度最大,引导型政策的作用力度次之,规范型政策的作用力度最弱。

(3) 进一步地,异质性检验发现,引导型、支持型和规范型三类产业政策不仅对国有企业的核心技术创新产生促进作用,对非核心技术创新也具有推动作用;而三类政策对民营企业核心技术创新具有明显拉动作用,对非核心技术创新的作用则不明显。

8.1.4 基于创新产出时滞视角下风电产业创新政策效果评价

(1) 产业政策对风电企业创新绩效具有显著的促进作用,中央政府当年出台的一揽子风电产业创新政策极大地提升了市场活力,在企业创新过程中具有积极的信号传递效应,从而对企业创新绩效具有显著的正向影响。

(2) 进一步地,分别对产业政策进行滞后 1 年和 2 年的作用分析,发现滞后 1～2 年均对风电企业创新绩效产生显著促进作用,但是作用力度在逐渐减弱,说明我国当前风电产业政策的时滞效应更多表现为"挤出"效应。

8.2 风电产业创新政策驱动效果的影响因素

8.2.1 政策传导过程解构(宏观)

通过对政策扩散的路径和影响因素进行实证分析发现:

(1) 风电等新能源产业政策在我国各级政府间的扩散呈现出自上而下、自下而上以及横向扩散三种方式，且政策的纵向扩散和横向扩散同时发生。

(2) 面对上级下发的战略型引导政策、战术型支持和规范政策，大多数地方政府会直接下发执行或小幅度调整后执行，政府间的政策行为并无明显差异，政策创新与再生产不足严重影响了政策扩散的质量，使得产业政策在不同省市的推广中难以完全发挥应有的政策效果。

(3) 相比于上、下级之间的"命令-依赖型"关系和地区客观需求，财政支撑能力和区域竞争在刺激政策扩散方面效果并不明显。此外，政治群体或政治流动也会影响政策扩散效果，未来可以更加深入地探究政策扩散影响机制。

8.2.2 政策有效性影响因素分析(中观)

(1) 区域创新环境在不同类型产业政策与企业创新绩效路径上发挥不同的调节作用，即区域创新环境显著强化支持型政策和规范型政策对风电企业创新绩效的影响，但是在引导型政策对风电企业创新绩效的作用路径上不具有调节作用。

(2) 进一步，从企业产权差异性视角考虑区域创新环境在不同类型产业政策(引导型、支持型、规范型政策)与企业创新绩效之间的调节作用时，发现区域创新环境的调节作用因产权性质不同而存在差异。在国有企业样本中，区域创新环境的调节作用与样本整体的效果保持一致，即在支持型、规范型政策与企业创新绩效之间发挥调节作用，引导型政策不显著；而在民营企业样本中，区域创新环境在三类产业政策与企业创新绩效之间均未发挥调节作应。

8.2.3 政策有效性影响因素分析(微观)

(1) 引导型政策、支持型政策和规范型政策对风电企业创新绩效均具有显著正向影响，经过稳健性检验，结论仍然成立，且支持型政策对创新绩效的影响系数最大，即支持型政策更能有效提升风电企业技术创新绩效。

(2) 融资约束在产业政策促进风电企业创新绩效过程中起到了重要的中介作用，即产业政策的颁布通过资源效应与信号传递效应降低企业融资成本，拓宽融资来源，有效缓解风电企业融资困境，为企业技术研发活动注入大量资金流，进而增强风电企业创新绩效。

(3) 本书考察了股权集中度、女性高管比例以及企业规模对不同类型产业政策促进风电企业创新绩效的调节作用，结果显示：股权集中度增强了引导型、支持型和规范型三类产业政策对企业创新绩效的作用效果；女性高管比例负向调节不同类型产业政策对企业创新绩效的影响；相较于小规模风电企业，三种不同类型产业政策(引导型、支持型、规范型政策)在规模较大的企业中对创新绩效的提升作用更明显。

8.3 相关政策建议

8.3.1 国家层面(宏观)

8.3.1.1 加强政策评价和监管,重视职能部门与政策内容的协调

首先,各相关部门作为国家产业政策的制定者,应该通过完善政策评价和监管机制,加强对政策实施效果的评价与监督,提高政策靶向的精准性。不同部门之间应注重职能与政策内容的协调,如国务院应以“意见、规划”为主要政策形式和“政府鼓励”为关键政策内容;发改委应以“通知”为主要政策形式和“风电设备规范”为重要内容;国家能源局应以“办法”为主要政策形式和“政府鼓励”为关键政策内容;电监会应以“通知”为主要政策形式和“并网支持”为关键政策内容。同时,在政策“组合拳”方面,不同职能部门之间应根据预期政策目标对政策内容进行沟通与协商,增强政策工具组合的互补性,降低政策之间的互斥效应。

8.3.1.2 加强政策执行力度和创新,提高政策执行的容错率

中央政府各部门制定的产业政策需要经过各级政府层层传递落实到企业内部,因此还必须重视可能存在的导致政策扩散效率降低的因素,为政策有效扩散扫清障碍。中央政府和省级政府应简政放权,提高政策执行的容错率,为地方政府政策创新扩散提供更大的发挥平台与拓展空间;与此同时,政策在各级政府间扩散的过程中需密切关注政策创新实施效果,预测政策实施后的经济和环境双重效益,在借鉴与总结学习同级政府间政策实施经验的基础上,不断调整政策方案,实现政策扩散路径的良性循环与互动,促进政策在“央—地”之间全面铺开。

8.3.1.3 风电产业创新政策的COPA匹配设计

我国风电产业发展政策的“部门—形式—内容—力度”模式因部门不同呈现明显差异。为了进一步促进风电产业的健康发展,政策发布设计应基于COPA分析框架从“部门—形式—内容—力度”四个维度把握政策作用效果关键点,匹配不同部门发布政策形式、内容及力度,改善风电产业创新政策效果。具体而言:

国务院发布政策形式靶点在于“意见、规划”,政府鼓励是其政策内容靶点,但是政策力度不宜太大(2级力度);发改委发布政策的发布形式靶点在于以“通

知”的形式，内容靶点应以发布风电设备规范为主要内容，但是作用力度仍待进一步观察和讨论，目前建议采取温和型政策（3 级力度）；能源局的政策形式靶点在于以“办法”的形式，内容靶点应以各项政府鼓励为主要内容，但是力度不宜太大（2 级力度）；电监会政策发布形式靶点在于以“通知”的形式，内容靶点应以并网支持为主要内容，而且应该伴以较大的力度（5 级力度）。

需要注意的是，电监会即便采取较大的风电产业政策发布力度，政策收效仍然有限，所以，从风电产业发展的角度来看，电监会并入能源局是一种优势互补，是风电产业发展的利好消息。风电产业创新政策的 COPA 匹配设计思路如表 8-1 所示。

表 8-1　风电产业创新政策的 COPA 匹配设计思路表

序号	核心部门	形式靶点	政策内容类型	作用力度
1	国务院	意见、规划	鼓励政策	2 级
2	发改委	通知	风电设备规范	3 级
3	能源局	办法	具体鼓励措施	2 级
4	电监会	通知	并网支持	5 级

8.3.2　产业层面（中观）

8.3.2.1　加强风电产业双链融合的布局，打造优势产业集群

我国风电产业链发展虽然取得了显著的成绩，但风电设备关键部件国产化率低、关键技术的自主权与控制权低，核心技术仍依赖国际供给，存在“卡脖子”风险的情况。风电产业研发创新链中、上游的叶片和主机是产业创新的核心环节，也是欧美国家技术控制的关键环节，而复杂动荡的国际形势加剧了风电产业链、供应链的脆性以及“卡脖子”技术的突破难度。围绕产业链布局创新链、围绕创新链布局产业链是当前风电产业发展的重要战略思维。我国风电产业中、上游核心研发和生产企业主要布局在江苏省、广东省、上海市和浙江省等长三角和东南沿海地区，下游的塔架和风电运用主要集中在北京、天津、山东等蓝色渤海湾区域。

为此，国家应根据目前风电产业的研发和生产集中地以及产业链、供应链的脆性环节，出台相关产业创新政策引导和布局产业发展；建议在长三角地区加大基础研发资助力度，重点布局风电产业“卡脖子”技术的研发和突破，同时布局生产工艺流程和应用研究的相关研发与生产、其企业配套支持基础研发及“卡脖子”技术研发；同时根据上海、广东、江苏、浙江四省市风电产业研发基础

和特征，分别布局陆地风电和海上风电两种不同类型叶片、主机、控制系统等关键创新环节的研发和技术突破牵头省份，打造不同省市、不同创新链环节的优势产业研发和生产集群。

8.3.2.2 加强风电产业区域创新环境建设，重视民营企业发展

地方政府应该积极出台相关风电产业创新政策与中央政策配套实施，引导型政策与规范型政策双管齐下，改善区域研发环境、基础设施质量，优化营商环境，积极引导外资研发嵌入，形成高度专业化与多样化产业集群，提升区域产业链、供应链的安全稳定。同时，政府应引导区域创新环境建设向支持民营企业发展倾斜，为民营风电企业提供优越创新环境。

8.3.2.3 完善融资体系，改善风电产业融资环境

政府应该完善融资体系，加快国内金融体制改革，改善融资环境，实施积极信贷政策，降低信息不对称对企业外部融资干扰的“噪音”，有利于企业从外部获得充足资金投资创新活动，缓解融资约束给企业生产经营及创新活动带来的压力，尤其是民营、小规模企业，政府需要根据其创新诉求制定有效政策。支持型政策虽然能够在一定程度上缓解企业资金压力，但是未能调动资本市场投资热情，因此政府应该引导资本市场积极参与中小规模企业创新。企业应重视内部资金积累和提升自身盈利能力，拓宽融资渠道，并积极与融资机构保持良好关系。

8.3.3 企业内部治理层面(微观)

8.3.3.1 重视研发阶段视角的创新政策组合设计

企业创新分为研发决策和技术创新两个阶段，研发阶段不同政策作用效果差异显著，风电产业政策制定者应根据核心企业不同研发阶段进行针对性设计，具体问题具体分析，实施差异化产业政策和政策组合，提高政策靶向精准性，充分调动参与主体在不同研发阶段的创新积极性，做到有的放矢。鉴于现行风电产业政策在具体制定和实施过程中没有明确的针对不同产业研发阶段设计，根据前期实证分析可知，不同研发阶段对政策的需求是不同的，因此本研究认为国家相关产业政策的设计和落实方面应该在研发阶段方面有所侧重，具体思路如下：

在研发创新决策阶段，由于单一政策的作用效果更加显著，因此重点在于了解具体研发产品和技术的政策需求，加大单一政策的投入力度尤其是引导型政策，刺激企业迅速并顺利实现以创新决策阶段到技术创新突破阶段的过渡。在技术创新突破阶段，前期实证分析结果显示，某些政策及政策组合驱动效果

并不显著，甚至出现政策冲突和负面作用，而支持型政策和规范型政策的组合更能促进企业创新绩效提高。由此，在技术创新突破阶段应该以政策工具组合形式刺激风电企业创新，重点是设计支持型政策和规范型政策的优化组合方案，并促使中央各部委以及地方政府积极出台并落实相关政策。

8.3.3.2 重视企业高管对研发创新的积极作用

企业高管是研发创新行为的决策主体，企业研发创新方向、资源、范式以及程度等诸多方面取决于企业高管决策。研究显示，高管团队中性别、职业、学历、海外经历、对外合作经历等因素都影响企业创新决策，特别是女性高管和高管海外及创新合作经历对企业研发创新影响显著。因此，政府一方面应出台对应政策引导社会对女性高管的重视，鼓励企业在创新决策制定过程中充分听取女性高管的想法与建议，充分利用女性高管独特的市场需求、环境感知能力为企业创新指引方向，实现技术创新的实质性进步，同时加强对女性高管的人力资本投资，注重女性高管的教育和培训，增强女性高管的竞争力。另一方面，政策在人才培养和引进方面需要做到两点：其一是重视内部技术人才的培养，加大技术研发人才向技术研发和管理复合人才转变，丰富高管团队技术背景；其二是政策引进方面除了技术人才外还应该制定和落实风电产业优秀海外管理和复合型人才引进政策，通过人才引进政策，吸引优秀的海外人才和有过海外经历，特别是与海外相关产业有过深度合作经验的高管人才加入风电企业中，提高风电企业创新决策质量和效率，拓宽风电产业创新思维和创新范式，实现关键核心技术的有效突破。

参考文献

[1] SCHMIDT T S,SEWERIN S. Measuring the temporal dynamics of policy mixe:an empirical analysis of renewable energy policy mixes' balance and design features in nine countries[J]. Research policy,2019,48(10):103557.

[2] 贾明,杨倩. 中国企业的碳中和战略:理论与实践[J]. 外国经济与管理,2022,44(2):3-20.

[3] HUANG J B,HAO Y,LEI H Y. Indigenous versus foreign innovation and energy intensity in China[J]. Renewable and sustainable energy reviews,2018,81:1721-1729.

[4] LILLIESTAM J,BARRADI T,CALDÉS N,et al.Policies to keep and expand the option of concentrating solar power for dispatchable renewable electricity[J]. Energy policy,2018,116:193-197.

[5] WANG B,LIU L,HUANG G H,et al. Effects of carbon and environmental tax on power mix planning:a case study of Hebei Province,China[J]. Energy,2018,143:645-657.

[6] HU R,SKEA J,HANNON M J. Measuring the energy innovation process:an indicator framework and a case study of wind energy in China[J]. Technological forecasting and social change,2018,127:227-244.

[7] JOACHIM V,SPIETH P,HEIDENREICH S. Active innovation resistance:an empirical study on functional and psychological barriers to innovation adoption in different contexts[J]. Industrial marketing management,2018,71:95-107.

[8] JIAO J L,XU Y W,LI J J,et al. The evolution of a collaboration network and its impact on innovation performance under the background of government-funded support:an empirical study in the Chinese wind power sector[J]. Environmental science and pollution research,2021,28(1):915-935.

[9] 风力发电网. 2020 年全球各国风电累计装机排名[EB/OL].(2021-06-19)[2023-07-06]. https://www.fenglifadian.com/news/202106/30818.html.

[10] POTTS S,WALWYN D R. An exploratory study of the South African

concentrated solar power sector using the technological innovation systems framework[J]. Journal of energy in Southern Africa, 2020, 31(2): 1-18.

[11] 王巍，李德鸿，侯天雨，等. 多重网络视角下突破性技术创新的研究述评与展望[J]. 科学学与科学技术管理，2022，43(10)：83-102.

[12] WANG X Z, LIU S, TAO Z Y, et al. The impact of industrial policy and its combinations on the innovation quality of wind power enterprises: a study from the perspective of financing modes[J]. Renewable energy, 2022, 188: 945-956.

[13] 李倩，赵彦云，刘冰洁. 新能源产业政策的量化分析及其环保效应[J]. 北京理工大学学报(社会科学版)，2021，23(4)：30-39.

[14] HSIAO C Y L, SHENG N, FU S Z, et al. Evaluation of contagious effects of China's wind power industrial policies[J]. Energy, 2022, 238: 121760.

[15] LIN B Q, CHEN Y F. Impacts of policies on innovation in wind power technologies in China[J]. Applied energy, 2019, 247: 682-691.

[16] ARROW K J. The economic implications of learning by doing[M]// Readings in the theory of growth. London: Palgrave Macmillan UK, 1971: 131-149.

[17] WEI Y Z, ZOU Q P, LIN X H. Evolution of price policy for offshore wind energy in China: trilemma of capacity, price and subsidy[J]. Renewable and sustainable energy reviews, 2021, 136: 110366.

[18] SAHU B K. Wind energy developments and policies in China: a short review[J]. Renewable and sustainable energy reviews, 2018, 81: 1393-1405.

[19] GALLAGHER K P. China's global energy finance: poised to lead[J]. Energy research & social science, 2018, 35: 15-16.

[20] JIANG Z H, LIU Z Y. Can wind power policies effectively improve the productive efficiency of Chinese wind power industry? [J]. International journal of green energy, 2021, 18(13): 1339-1351.

[21] GUAN J C, YAM R C M. Effects of government financial incentives on firms' innovation performance in China: evidences from Beijing in the 1990s[J]. Research policy, 2015, 44(1): 273-282.

[22] BOEING P. The allocation and effectiveness of China's R&D subsidies: evidence from listed firms[J]. Research policy, 2016, 45(9): 1774-1789.

[23] STOREY D J, TETHER B S. Public policy measures to support new

technology-based firms in the European Union[J]. Research policy,1998,26(9):1037-1057.

[24] ZHANG S F, ANDREWS-SPEED P, ZHAO X L. Political and institutional analysis of the successes and failures of China's wind power policy[J]. Energy policy,2013,56:331-340.

[25] LIAO Z J.Environmental policy instruments, environmental innovation and the reputation of enterprises[J]. Journal of cleaner production,2018,171:1111-1117.

[26] 芮明杰,韩佳玲.产业政策对企业研发创新的影响研究:基于促进创新型产业政策"信心效应"的视角[J].经济与管理研究,2020,41(9):78-97.

[27] 姜达洋.我们需要什么样的产业政策?:兼论林毅夫与张维迎有关产业政策的争议[J].商业研究,2017(11):127-132.

[28] 张永安,郄海拓.金融政策组合对企业技术创新影响的量化评价:基于PMC指数模型[J].科技进步与对策,2017,34(2):113-121.

[29] 张永安,郄海拓,颜斌斌.基于两阶段DEA模型的区域创新投入产出评价及科技创新政策绩效提升路径研究:基于科技创新政策情报的分析[J].情报杂志,2018,37(1):198-207.

[30] 张国兴,张振华,管欣,等.我国节能减排政策的措施与目标协同有效吗?:基于1052条节能减排政策的研究[J].管理科学学报,2017,20(3):161-181.

[31] BLONIGEN B A. Industrial policy and downstream export performance[J]. The economic journal,2016,126(595):1635-1659.

[32] ZHAO Z Y,CHANG R D,CHEN Y L. What hinder the further devel opment of wind power in China?: a socio-technical barrier study[J].Energy policy,2016,88:465-476.

[33] COSTANTINI V, CRESPI F, PALMA A. Characterizing the policy mix and its impact on eco-innovation: a patent analysis of energy-efficient technologies[J]. Research policy,2017,46(4):799-819.

[34] 徐喆,李春艳.我国科技政策组合特征及其对产业创新的影响研究[J].科学学研究,2017,35(1):45-53.

[35] ANDRIOSOPOULOS K, SILVESTRE S. French energy policy: a gradual transition[J]. Energy policy,2017,106:376-381.

[36] 康志勇.政府补贴促进了企业专利质量提升吗?[J].科学学研究,2018,36(1):69-80.

[37] 余明桂，范蕊，钟慧洁. 中国产业政策与企业技术创新[J]. 中国工业经济，2016(12)：5-22.

[38] 朱金生，朱华. 政府补贴能激励企业创新吗?：基于演化博弈的新创与在位企业创新行为分析[J]. 中国管理科学，2021，29(12)：53-67.

[39] HU G Q，WANG X Q，WANG Y. Can the green credit policy stimulate green innovation in heavily polluting enterprises? Evidence from a quasi-natural experiment in China[J]. Energy economics，2021，98：105134.

[40] 江飞涛，李晓萍. 产业政策中的市场与政府：从林毅夫与张维迎产业政策之争说起[J]. 财经问题研究，2018(1)：33-42.

[41] MONTMARTIN B，HERRERA M. Internal and external effects of R&D subsidies and fiscal incentives：empirical evidence using spatial dynamic panel models[J]. Research policy，2015，44(5)：1065-1079.

[42] RAHMAN M S，SARKER P K，SADATH M N，et al. Policy changes resulting in power changes? Quantitative evidence from 25 years of forest policy development in Bangladesh[J]. Land use policy，2018，70：419-431.

[43] LIN B Q，LUAN R. Are government subsidies effective in improving innovation efficiency? Based on the research of China's wind power industry[J]. Science of the total environment，2020，710：136339.

[44] YU C H，WU X，LEE W C，et al. Resource misallocation in the Chinese wind power industry：the role of feed-in tariff policy[J]. Energy economics，2021，98：105236.

[45] RAVEN R，KERN F，VERHEES B，et al. Niche construction and empowerment through socio-political work. A meta-analysis of six low-carbon technology cases [J]. Environmental innovation and societal transitions，2016，18：164-180.

[46] KIVIMAA P，KERN F. Creative destruction or mere niche support? Innovation policy mixes for sustainability transitions[J]. Research policy，2016，45(1)：205-217.

[47] MAGRO E，WILSON J R. Policy-mix evaluation：governance challenges from new place-based innovation policies[J]. Research policy，2019，48(10)：103612.

[48] SCORDATO L，KLITKOU A，TARTIU V E，et al. Policy mixes for the sustainability transition of the pulp and paper industry in Sweden[J]. Journal of cleaner production，2018，183：1216-1227.

[49] TU Q，MO J L. Coordinating carbon pricing policy and renewable energy

policy with a case study in China[J]. Computers & industrial engineering, 2017,113:294-304.

[50] KARLTORP K,GUO S,SANDÉN B A.Handling financial resource mobilisation in technological innovation systems:the case of Chinese wind power[J]. Journal of cleaner production,2017,142:3872-3882.

[51] OSSENBRINK J,FINNSSON S,BENING C R,et al. Delineating policy mixes:contrasting top-down and bottom-up approaches to the case of energy-storage policy in California[J]. Research policy,2019,48(10):103582.

[52] EDMONDSON D L,KERN F,ROGGE K S.The co-evolution of policy mixes and socio-technical systems: towards a conceptual framework of policy mix feedback in sustainability transitions[J].Research policy,2019, 48(10):103555.

[53] SMITS R,SHAPIRA P,KUHLMANN S.The theory and practice of innovation policy: an international research handbook[M].Cheltenham, UK:Edward Elgar,2010.

[54] BERGEK A,JACOBSSON S,CARLSSON B,et al.Analyzing the functional dynamics of technological innovation systems: a scheme of analysis[J]. Research policy,2008,37(3):407-429.

[55] HEKKERT M P,NEGRO S O.Functions of innovation systems as a framework to understand sustainable technological change: empirical evidence for earlier claims[J].Technological forecasting and social change,2009, 76(4):584-594.

[56] ZHAO N,YOU F Q.Can renewable generation,energy storage and energy efficient technologies enable carbon neutral energy transition? [J].Applied energy,2020,279:115889.

[57] FUENFSCHILLING L,TRUFFER B.The structuration of socio-technical regimes:conceptual foundations from institutional theory[J]. Research policy, 2014,43(4):772-791.

[58] 李凤梅,柳卸林,高雨辰,等.产业政策对我国光伏企业创新与经济绩效的影响[J].科学学与科学技术管理,2017,38(11):47-60.

[59] 王晓珍,邹鸿辉,高伟.产业政策有效性分析:来自风电企业产权性质及区域创新环境异质性的考量[J].科学学研究,2018,36(2):228-238.

[60] 白雪洁,孟辉.新兴产业、政策支持与激励约束缺失:以新能源汽车产业为例[J].经济学家,2018(1):50-60.

[61] WANG X Z,ZOU H H. Study on the effect of wind power industry policy types on the innovation performance of different ownership enterprises: evidence from China[J]. Energy policy,2018,122:241-252.

[62] ZHANG H M,YANG J Y,REN X Q,et al.How to accommodate curtailed wind power:a comparative analysis between the US,Germany,India and China[J]. Energy strategy reviews,2020,32:100538.

[63] ZHANG J Y,LU J X,PAN J W,et al. Implications of the development and evolution of global wind power industry for China: an empirical analysis is based on public policy[J]. Energy reports,2022,8:205-219.

[64] JIANG Z H,SHI J R,LIU Z Y,et al. Beyond bean counting:is the policy effective for the innovation efficiency of wind power industry in China? [J]. Research evaluation,2022,31(1):132-144.

[65] NUÑEZ-JIMENEZ A,KNOERI C,HOPPMANN J,et al. Beyond innovation and deployment:modeling the impact of technology-push and demand-pull policies in Germany's solar policy mix[J]. Research policy,2022,51(10): 104585.

[66] YUAN L Y,XI J C. Review on China's wind power policy(1986—2017)[J]. Environmental science and pollution research,2019,26(25):25387-25398.

[67] WANG X Z,ZOU H H,ZHENG Y,et al.How will different types of industry policies and their mixes affect the innovation performance of wind power enterprises? Based on dual perspectives of regional innovation environment and enterprise ownership[J]. Journal of environmental management, 2019,251:109586.

[68] RIDGE J W,JOHNSON S,HILL A D,et al. The role of top management team attention in new product introductions[J]. Journal of business research,2017,70:17-24.

[69] QIU Y M,ORTOLANO L,WANG Y D. Factors influencing the technology upgrading and catch-up of Chinese wind turbine manufacturers: technology acquisition mechanisms and government policies[J]. Energy policy,2013,55: 305-316.

[70] ZHANG H M,ZHENG Y,ZHOU D Q,et al. Selection of key technology policies for Chinese offshore wind power:a perspective on patent maps [J]. Marine policy,2018,93:47-53.

[71] 熊彼特. 经济发展理论：对于利润、资本、信贷、利息和经济周期的考察

[M]. 何畏等,译. 北京:商务印书馆,1990.

[72] BRYNJOLFSSON E,MCAFEE A.The second machine age:work,progress,and prosperity in a time of brilliant technologies[M]. [S. l.]: W. W. Norton & Company,2014.

[73] LIU X,LIU T H,CHEN K G. Does bank loan promote enterprise innovation? [J]. Procedia computer science,2019,154:783-789.

[74] BARNEY J.Firm resources and sustained competitive advantage[J]. Journal of management,1991,17(1):99-120.

[75] FRISHAMMAR J,RICHTNÉR A,BRATTSTRÖM A,et al.Opportunities and challenges in the new innovation landscape:implications for innovation auditing and innovation management[J]. European management journal,2019,37(2): 151-164.

[76] HERNANDEZ-VIVANCO A,CRUZ-CÁZARES C,BERNARDO M. Openness and management systems integration:pursuing innovation benefits[J]. Journal of engineering and technology management,2018,49:76-90.

[77] PHELPS E S. Mass flourishing:how grassroots innovation created jobs, challenge,and change[M]. Princeton:Princeton University Press,2013.

[78] KIM D,KIM N,KIM W. The effect of patent protection on firms' market value:the case of the renewable energy sector[J]. Renewable and sustainable energy reviews,2018,82:4309-4319.

[79] 李婧,何宜丽. 基于空间相关视角的知识溢出对区域创新绩效的影响研究:以省际数据为样本[J]. 研究与发展管理,2017,29(1):42-54.

[80] 白俊红,王钺,蒋伏心,等. 研发要素流动、空间知识溢出与经济增长[J]. 经济研究,2017,52(7):109-123.

[81] SQUIRES D, VESTERGAARD N.Rethinking the commons problem: technical change,knowledge spillovers,and social learning[J]. Journal of environmental economics and management,2018,91:1-25.

[82] ARROW K J. Economic welfare and the allocation of resources for invention [M]//The rate and direction of inventive activity. Princeton:Princeton University Press,1962:609-626.

[83] ROMER P M.Increasing returns and long-Run growth[J].Journal of political economy,1986,94(5):1002-1037.

[84] 库姆斯,等. 经济学与技术进步[M]. 中国社会科学院数量经济技术经济研究所技术经济理论方法研究室,译. 北京:商务印书馆,1989.

[85] BARRO R J. Economic growth in a cross section of countries[J].The quarterly journal of economics,1991,106(2):407-443.

[86] FREEMAN C.Technology, policy, and economic performance: lessons from Japan[M]. London:Pinter Publishers,1987.

[87] 于志军,杨昌辉,白羽,等.成果类型视角下高校创新效率及影响因素研究[J].科研管理,2017,38(5):141-149.

[88] 余元春,顾新,陈一君.产学研技术转移"黑箱"解构及效率评价[J].科研管理,2017,38(4):28-37.

[89] COOKE P. Regional innovation systems: competitive regulation in the new Europe[J]. Geoforum,1992,23(3):365-382.

[90] LAMBOOY J G. Knowledge and urban economic development:an evolutionary perspective[J]. Urban studies,2002,39(5/6):1019-1035.

[91] ASHEIM B T,ISAKSEN A. Regional innovation systems:the integration of local 'sticky' and global 'ubiquitous' knowledge[J].The journal of technology transfer,2002,27(1):77-86.

[92] SU Y S,CHEN J. Introduction to regional innovation systems in East Asia[J]. Technological forecasting and social change,2015,100:80-82.

[93] ZHAO S L,CACCIOLATTI L,LEE S H,et al. Regional collaborations and indigenous innovation capabilities in China:a multivariate method for the analysis of regional innovation systems[J]. Technological forecasting and social change,2015,94:202-220.

[94] HAJEK P,HENRIQUES R,CASTELLI M,et al. Forecasting performance of regional innovation systems using semantic-based genetic programming with local search optimizer[J]. Computers & operations research,2019,106:179-190.

[95] GRAFSTRÖM J,POUDINEH R. A critical assessment of learning curves for solar and wind power technologies[M]. OIES Paper:EL,2021.

[96] DOLOREUX D. What we should know about regional systems of innovation [J]. Technology in society,2002,24(3):243-263.

[97] GAISHA O D. Clusters in national innovation systems[J]. Vestnik universiteta, 2020,1(12):49-55.

[98] 冯之浚.国家创新系统的理论与政策[M].北京:经济科学出版社,1999.

[99] 王焕祥,孙斐,段学民.改革开放30年我国区域创新系统的演化特征及动力分析[J].科学学与科学技术管理,2008,29(12):44-47.

[100] 陈凯华,寇明婷,官建成. 中国区域创新系统的功能状态检验:基于省域2007—2011年的面板数据[J]. 中国软科学,2013(4):79-98.

[101] 苏屹,姜雪松,雷家骕,等. 区域创新系统协同演进研究[J]. 中国软科学,2016(3):44-61.

[102] KAWABATA M K,CAMARGO A S JR. Innovation and institutions' quality:a comparative study between countries[J]. International journal of innovation science,2020,12(2):169-185.

[103] FORAY D,EICHLER M,KELLER M. Smart specialization strategies:insights gained from a unique European policy experiment on innovation and industrial policy design[J].Review of evolutionary political economy,2021,2(1):83-103.

[104] TODTLING F. Regional innovation systems:the role of governances in a globalized world[J].European urban & regional studies,1999,6(2):187-188.

[105] AL-BELUSHI K I A,STEAD S M,GRAY T,et al. Measurement of open innovation in the marine biotechnology sector in Oman[J]. Marine policy,2018,98:164-173.

[106] HANNIGAN T R,SEIDEL V P,YAKIS-DOUGLAS B. Product innovation rumors as forms of open innovation[J].Research policy,2018,47(5):953-964.

[107] CHESBROUGH H W. Open innovation:the new imperative for creating and profiting from technology[M]. Boston:Harvard Business School Press,2003.

[108] ROTHWELL R.Industrial innovation:success,strategy,trends[M]//MARK D. The handbook of industrial innovation. [S. l.]:Edward Elgar Publishing Limited,1995:33-53.

[109] CHESBROUGH H W. The era of open innovation[J]. Managing innovation and change,2006,127(3):34-41.

[110] WEST J,GALLAGHER S. Challenges of open innovation:the paradox of firm investment in open-source software[J].R&D management,2006,36(3):319-331.

[111] ZHAO S K,SUN Y,XU X B. Research on open innovation performance:a review[J].Information technology and management,2016,17(3):279-287.

[112] GRECO M,GRIMALDI M,CRICELLI L. Hitting the nail on the head:exploring the relationship between public subsidies and open innovation

efficiency[J].Technological forecasting and social change,2017,118:213-225.

[113] LOPES A P V B V, DE CARVALHO M M.Evolution of the open innovation paradigm: towards a contingent conceptual model[J].Technological forecasting and social change,2018,132:284-298.

[114] POPA S, SOTO-ACOSTA P, MARTINEZ-CONESA I.Antecedents, moderators,and outcomes of innovation climate and open innovation:an empirical study in SMEs[J].Technological forecasting and social change, 2017,118:134-142.

[115] BREM A, NYLUND P A, HITCHEN E L.Open innovation and intellectual property rights: how do SMEs benefit from patents, industrial designs, trademarks and copyrights? [J].Management decision, 2017, 55(6): 1285-1306.

[116] CASSIMAN B, VEUGELERS R. In search of complementarity in innovation strategy: internal R&D and external knowledge acquisition [J]. Management science,2006,52(1):68-82.

[117] CHENG C C J, HUIZINGH E K R E. When is open innovation beneficial? the role of strategic orientation [J]. Journal of product innovation management,2014,31(6):1235-1253.

[118] LICHTENTHALER U. Outbound open innovation and its effect on firm performance: examining environmental influences [J]. R&D management, 2009,39(4):317-330.

[119] CAMMARANO A, CAPUTO M, LAMBERTI E, et al. Open innovation and intellectual property: a knowledge-based approach[J]. Management decision,2017,55(6):1182-1208.

[120] BEI W, JIN C, WU Z Y.The analysis of relationship between R&D outsourcing and firm innovative performance from the perspective of open innovation [C]//2008 4th IEEE International Conference on Management of Innovation and Technology. Bangkok, Thailand. IEEE, 2008:1004-1009.

[121] AHN J M, MINSHALL T, MORTARA L.Understanding the human side of openness: the fit between open innovation modes and CEO characteristics[J]. R&D management,2017,47(5):727-740.

[122] BERCHICCI L.Towards an open R&D system: internal R&D investment,

external knowledge acquisition and innovative performance[J]. Research policy,2013,42(1):117-127.

[123] WANG Q, GAO S X.Managerial ties and innovative performance: an open innovationperspective[C]//Proceedings of the 7th International Conference on Innovation and Management, Vols Ⅰ and Ⅱ.Wuhan: Wuhan University Technology Press,2010.

[124] CHEN J, CHEN Y, VANHAVERBEKE W.The influence of scope, depth, and orientation of external technology sources on the innovative performance of Chinese firms[J].Technovation,2011,31(8):362-373.

[125] GRECO M, GRIMALDI M, CRICELLI L.An analysis of the open innovation effect on firm performance[J].European management journal, 2016,34(5):501-516.

[126] 约翰・梅纳德・凯恩斯.就业、利息和货币通论[M].徐毓枬,译.北京:北京联合出版公司,2013:26.

[127] 理查德・沃尔夫,斯蒂芬・雷斯尼克.相互竞争的经济理论:新古典主义、凯恩斯主义和马克思主义[M].孙来斌,王今朝,杨军,译.北京:社会科学文献出版社,2015:78.

[128] COLLINS A M,MARTÍNEZ NAVARRO M. Economic activity, market failure and services of general economic interest: it takes two to tango [J].Journal of European competition law & practice, 2021, 12(5): 380-386.

[129] MARTIN S,SCOTT J T. The nature of innovation market failure and the design of public support for private innovation[J]. Research policy, 2000,29(4/5):437-447.

[130] 李辉.从市场失灵理论谈我国医疗服务市场失灵的政府治理[J].现代营销,2016(9):170-171.

[131] MOKER A,BROSI P,WELPE I M. How to digitalize inseparable service processes: the enabling role of internal and external support for innovation[J]. Business research,2020,13(3):1145-1167.

[132] 王向南,金喜在.城市社区公共服务模式治理与优化:基于三大失灵理论的分析[J].税务与经济,2015(3):47-51.

[133] 萨缪尔森,诺德豪斯.经济学:第12版[M].高鸿业等,译.北京:中国发展出版社,1992:1189.

[134] AZZONE G. Big data and public policies: opportunities and challenges

[J]. Statistics & probability letters,2018,136:116-120.

[135] 施建刚,徐奇升,魏铭材. 农村集体建设用地流转中的政府失灵:表现、原因及其矫正:以上海市为例[J]. 农村经济,2016(2):29-33.

[136] LIU B,LIN Y,CHAN K C,et al. The dark side of rent-seeking:the impact of rent-seeking on earnings management[J]. Journal of business research,2018,91:94-107.

[137] EDQUIST C.The systems of innovation approach and innovation policy: an account of the state of the art[C]//DRUID conference. Aalborg, 2001:12-15.

[138] 李纪珍,邓衢文,高旭东,等. 系统失灵视角下的技术创新服务平台功能设计[J]. 科学学与科学技术管理,2010,31(9):77-83.

[139] WOOLTHUIS R K,LANKHUIZEN M,GILSING V. A system failure framework for innovation policy design[J].Technovation,2005,25(6): 609-619.

[140] 许水平,尹继东,鲍聪颖. 基于区域创新系统失灵视角的科技中介功能分析[J]. 科技广场,2015(3):140-148.

[141] CARLSSON B,JACOBSSON S. In search of useful public policies:key lessons and issues for policy makers[M]//Technological systems and industrial dynamics. Boston,MA:Springer US,1997:299-315.

[142] 赵林海. 基于系统失灵的科技创新政策制定流程研究[J]. 科技进步与对策,2013,30(4):112-116.

[143] 魏江,许庆瑞. 企业创新能力的概念、结构、度量与评价[J]. 科学管理研究,1995,13(5):50-55.

[144] 邹国平,刘洪德,王广益. 我国国有企业规模与研发强度相关性研究[J]. 管理评论,2015,27(12):171-179.

[145] CAIRNEY P. Complexity theory in political science and public policy [J]. Political studies review,2012,10(3):346-358.

[146] DOUGHERTY D,DUNNE D D.Organizing ecologies of complex innovation [J].Organization science,2011,22(5):1214-1223.

[147] JASPERS F,VAN DEN ENDE J.Open innovation and systems integration: how and why firms know more than they make[J]. International journal of technology management,2010,52(3/4):275.

[148] VEDUEG E. Pulic and program evaluation[J]. Administrative science quarterly,1997,44(2):160-161.

[149] HOLLAND J H, WOLF S.Hidden order[J]. Integrative physiological and behavioral science,1998,33(1):72-72.

[150] 陈芳.政策扩散、政策转移和政策趋同:基于概念、类型与发生机制的比较[J].厦门大学学报(哲学社会科学版),2013(6):8-16.

[151] 刘伟.国际公共政策的扩散机制与路径研究[J].世界经济与政治,2012(4):40-58.

[152] 王浦劬,赖先进.中国公共政策扩散的模式与机制分析[J].北京大学学报(哲学社会科学版),2013,50(6):14-23.

[153] 陈芳.政策扩散理论的演化[J].中国行政管理,2014(6):99-104.

[154] WALKER J L. The diffusion of innovations among the American states[J]. American political science review,1969,63(3):880-899.

[155] GRAY V. Innovation in the states: a diffusion study[J]. American political science review,1973,67(4):1174-1185.

[156] HOWLETT M, RAYNER J.Third generation policy diffusion studies and the analysis of policy mixes: two steps forward and one step back?[J]. Journal of comparative policy analysis: research and practice,2008,10(4):385-402.

[157] HALL P A. Policy paradigms, social learning, and the state: the case of economic policymaking in Britain[J]. Comparative politics,1993,25(3):275-296.

[158] RULE J B, HEDSTROM P, SWEDBERG R.Social mechanisms: an analytical approach to social theory[J]. Social forces,1999,77(4):1697.

[159] LEICHTER H M. The patterns and origins of policy diffusion: the case of the commonwealth[J]. Comparative politics,1983,15(2):223-233.

[160] BERRY F S, BERRY W D. State lottery adoptions as policy innovations: an event history analysis[J]. American political science review,1990,84(2):395-415.

[161] WELCH S, THOMPSON K.The impact of federal incentives on state policy innovation[J]. American journal of political science,1980,24(4):715-729.

[162] STONE D.Learning lessons and transferring policy across time, space and disciplines[J]. Politics,1999,19(1):51-59.

[163] WEJNERT B.Integrating models of diffusion of innovations: a conceptual framework[J]. Annual review of sociology,2002,28:297-326.

[164] 林雪霏.政府间组织学习与政策再生产：政策扩散的微观机制：以“城市网格化管理”政策为例[J].公共管理学报，2015，12(1)：11-23.

[165] 杨志，魏姝.政策扩散视域下的地方政府政策创新持续性研究：一个整合性理论框架[J].学海，2019(3)：27-33.

[166] ROTHWELL R. Public innovation policy：to have or to have not？[J]. R&D management，1986，16(1)：25-36.

[167] DODGSON M，BESSANT J. Effective innovation policy：a new approach [J]. Long range planning，1997，30(1)：143.

[168] 王文倩，周世愚.产业政策对企业技术创新的影响研究[J].工业技术经济，2021，40(8)：14-22.

[169] ZHAO H，WU Q，HU S，et al. Review of energy storage system for wind power integration support[J]. Applied energy，2015，137：545-553.

[170] 陈守明，戴燚，盛超.我国企业对国家自主创新战略的反应：形式还是实质[J].科学学研究，2016，34(2)：268-278.

[171] BORRÁS S，EDQUIST C.The choice of innovation policy instruments[J]. Technological forecasting and social change，2013，80(8)：1513-1522.

[172] EDQUIST C，HOMMEN L. Systems of innovation：theory and policy for the demand side[J]. Technology in society，1999，21(1)：63-79.

[173] 曲婉，冯海红，侯沁江.创新政策评估方法及应用研究：以高新技术企业税收优惠政策为例[J].科研管理，2017，38(1)：1-11.

[174] 李浩，戴遥，陶红兵.我国 DRG 政策的文本量化分析：基于政策目标、政策工具和政策力度的三维框架[J].中国卫生政策研究，2021，14(12)：16-25.

[175] 彭纪生，仲为国，孙文祥.政策测量、政策协同演变与经济绩效：基于创新政策的实证研究[J].管理世界，2008(9)：25-36.

[176] 仲为国，彭纪生，孙文祥.政策测量、政策协同与技术绩效：基于中国创新政策的实证研究(1978—2006)[J].科学学与科学技术管理，2009，30(3)：54-60.

[177] 王晓珍，彭志刚，高伟，等.我国风电产业政策演进与效果评价[J].科学学研究，2016，34(12)：1817-1829..

[178] 徐雨婧，沈瑶，胡珺.进口鼓励政策、市场型环境规制与企业创新：基于政策协同视角[J].山西财经大学学报，2022，44(2)：76-90.

[179] 张帆，李娜.创新的外部多因素交互作用下企业 R&D 投入激励的影响研究：基于行业和地区层面面板数据的 PVAR 实证[J].软科学，2021，35(6)：1-8.

[180] 蒋长流,杨逸凡.绿色技术创新的路径依赖与突破:基于 DPSIR 模型的实证分析[J].安徽工程大学学报,2022,37(2):60-67.
[181] 刘臻煊,郝梦雨,余舸.政府补助、环境规制与技术创新[J].信息系统工程,2022(5):120-123.
[182] 豆士婷.科技政策组合对企业创新绩效的影响研究[D].北京:中央财经大学,2021.
[183] 邓卫红.税收优惠对企业创新的影响:基于微观调查数据的实证分析[J].系统工程,2021,39(3):37-47.
[184] 缪小明,王玉梅,辛晓华.产业政策与产业竞争力的关系:以中国集成电路产业为例[J].中国科技论坛,2019(2):54-63.
[185] NEMET G F. Demand-pull, technology-push, and government-led incentives for non-incremental technical change[J]. Research policy, 2009, 38(5): 700-709.
[186] HOPPMANN J, PETERS M, SCHNEIDER M, et al. The two faces of market support: how deployment policies affect technological exploration and exploitation in the solar photovoltaic industry[J]. Research policy, 2013, 42(4): 989-1003.
[187] 雷根强,孙红莉.产业政策、税收优惠与企业技术创新:基于我国"十大产业振兴规划"自然实验的经验研究[J].税务研究,2019(8):5-11.
[188] 刘素坤,王乐,何文韬,等.国际化程度对企业创新效率的影响:基于战略性新兴产业[J].经济问题,2022(3):95-103.
[189] 帅正麟,周靖,李蕊康,等.政府补贴对创业板上市公司成长性影响[J].中国经贸导刊(中),2021(9):46-48.
[190] 王晓珍,刘珊,陈劲.何种区域创新环境组合能有效提升风电产业创新质量:基于 fsQCA 的组态分析[J].科技进步与对策,2021,38(15):57-65.
[191] 杜威剑,李梦洁.环境规制对企业产品创新的非线性影响[J].科学学研究,2016,34(3):462-470.
[192] REICHARDT K, ROGGE K. How the policy mix impacts innovation: findings from company case studies on offshore wind in Germany[J]. Environmental innovation and societal transitions, 2016, 18: 62-81.
[193] DEL RÍO P. The dynamic efficiency of feed-in tariffs: the impact of different design elements[J]. Energy policy, 2012, 41: 139-151.
[194] OECD. The innovation policy mix[M]//OECD science, technology and industry outlook 2010. OECD, Paris, 2010: 251-279.

[195] FLANAGAN K, UYARRA E, LARANJA M. Reconceptualising the 'policy mix' for innovation[J]. Research policy, 2011, 40(5): 702-713.

[196] ROGGE K S, REICHARDT K. Policy mixes for sustainability transitions: an extended concept and framework for analysis[J]. Research policy, 2016, 45(8): 1620-1635.

[197] GUERZONI M, RAITERI E. Demand-side vs. supply-side technology policies: hidden treatment and new empirical evidence on the policy mix[J]. Research policy, 2015, 44(3): 726-747.

[198] HAMBRICK D C, MASON P A. Upper echelons: the organization as a reflection of its top managers[J]. Academy of management review, 1984, 9(2): 193-206.

[199] VESAL M, SIAHTIRI V, O'CASS A. Do senior managers hold the keys to unlock innovation and environmental sustainability? [J]. Industrial marketing management, 2022, 103: 83-96.

[200] 朱涛，李君山，朱林染. 管理者特征、R&D 投入与企业绩效[J]. 科研管理，2022, 43(3): 201-208.

[201] JENSEN M C, MECKLING W H. Theory of the firm: managerial behavior, agency costs and ownership structure[J]. Journal of financial economics, 1976, 3(4): 305-360.

[202] 戚拥军，王龙君. 高管持股变动、技术创新与公司价值：基于不同产权性质的比较[J]. 科技进步与对策，2022, 39(16): 123-133.

[203] 郭令秀，郭晓敏. 高管海外背景、高管持股与企业技术创新投入[J]. 财会通讯，2020(22): 40-44.

[204] LERNER J, WULF J. Innovation and incentives: evidence from corporate R&D[J]. Review of economics and statistics, 2007, 89(4): 634-644.

[205] ZHOU B, LI Y, SUN F, et al. Executive compensation incentives, risk level and corporate innovation [J]. Emerging markets review, 2021, 47: 100798.

[206] 梅世强，位豪强. 高管持股：利益趋同效应还是壕沟防御效应：基于创业板上市公司的实证分析[J]. 科研管理，2014, 35(7): 116-123.

[207] 栾斌，杨俊. 企业创新投入与创新绩效的就业效应及其差异分析[J]. 管理学报，2016, 13(5): 725-734.

[208] BEYER M, CZARNITZKI D, KRAFT K. Managerial ownership, entrenchment and innovation [J]. Economics of innovation and new

technology,2012,21(7):679-699.

[209] 马瑞光,温军.高管持股促进了企业创新吗?:基于2005—2017年上市公司的经验证据[J].人文杂志,2019(11):74-84.

[210] 卢宏亮,段秉辰,田国双.高管的团队稳定性影响技术创新吗?:以高管持股与独董比例的调节检验[J].会计之友,2020(10):100-105.

[211] WU J,RICHARD O C,DEL CARMEN T M,et al.The performance impact of gender diversity in the top management team and board of directors:a multiteam systems approach[J]. Human resource management,2022,61(2):157-180.

[212] DEZSÖ C L,ROSS D G. Does female representation in top management improve firm performance? A panel data investigation[J]. Strategic management journal,2012,33(9):1072-1089.

[213] 李秀萍,付兵涛,郭进.数字金融、高管团队异质性与企业创新[J].统计与决策,2022(7):161-165.

[214]秦璇,陈煜,方军雄.女性高管与公司劳动投资效率[J].金融学季刊,2020,14(01):25-44.

[215] WU Q,DBOUK W,HASAN I,et al. Does gender affect innovation? Evidence from female chief technology officers[J]. Research policy,2021,50(9):104327.

[216] 海本禄,尹西明,陈劲.CEO特征、研发投资与企业绩效[J].科学学研究,2020,38(2):276-287.

[217] 曾萍,邬绮虹.女性高管参与对企业技术创新的影响:基于创业板企业的实证研究[J].科学学研究,2012,30(5):773-781.

[218] 孙早,肖利平,刘李华.产业所有制结构变化与产业创新绩效改善:国有企业为主的产业所有制结构就一定不利于产业创新吗?[J].南开经济研究,2017(6):3-19.

[219] 张超,许岑.产权性质、资本结构与企业创新[J].经济理论与经济管理,2022,42(3):38-53.

[220] ZENGER T R,LAZZARINI S G. Compensating for innovation:do small firms offer high-powered incentives that lure talent and motivate effort?[J]. Managerial and decision economics,2004,25(6/7):329-345.

[221] RITALA P,OLANDER H,MICHAILOVA S,et al.Knowledge sharing,knowledge leaking and relative innovation performance:an empirical study[J].Technovation,2015,35:22-31.

[222] 罗能生，刘文彬，王玉泽. 杠杆率、企业规模与企业创新[J]. 财经理论与实践，2018，39(6)：112-118.

[223] 何婧，吴朦朦. 银行业市场竞争对企业技术创新的影响研究[J]. 财经理论与实践，2017，38(2)：17-22.

[224] 由雷. 企业技术创新影响因素的研究综述与展望[J]. 技术经济与管理研究，2021(12)：3-6.

[225] CHRISTENSEN J，DREJER I. The strategic importance of location：location decisions and the effects of firm location on innovation and knowledge acquisition [J]. European planning studies，2005，13(6)：807-814.

[226] CZARNITZKI D，HOTTENROTT H. Are local milieus the key to innovation performance? [J]. Journal of regional science，2009，49(1)：81-112.

[227] RUIZ-JIMÉNEZ J M，DEL MAR FUENTES-FUENTES M. Management capabilities，innovation，and gender diversity in the top management team：an empirical analysis in technology-based SMEs [J]. BRQ business research quarterly，2016，19(2)：107-121.

[228] 李长娥，谢永珍. 区域经济发展水平、女性董事对公司技术创新战略的影响[J]. 经济社会体制比较，2016(4)：120-131.

[229] 易靖韬，张修平，王化成. 企业异质性、高管过度自信与企业创新绩效[J]. 南开管理评论，2015，18(6)：101-112.

[230] 李云鹤. 公司治理与企业异质研发创新：基于创业板战略性新兴产业上市公司的实证研究[J]. 证券市场导报，2014(12)：26-31.

[231] 孙莹. 战略性新兴产业公司治理、研发投入延迟效应与企业绩效关系研究[J]. 科技进步与对策，2017，34(5)：66-72.

[232] MUSIOLIK J，MARKARD J，HEKKERT M. Networks and network resources in technological innovation systems：towards a conceptual framework for system building[J]. Technological forecasting and social change，2012，79(6)：1032-1048.

[233] EBERSBERGER B，GALIA F，LAURSEN K，et al. Inbound open innovation and innovation performance：a robustness study[J]. Research policy，2021，50(7)：104271.

[234] 高良谋，马文甲. 开放式创新：内涵、框架与中国情境[J]. 管理世界，2014(6)：157-169.

[235] MUSIOLIK J,MARKARD J. Creating and shaping innovation systems: formal networks in the innovation system for stationary fuel cells in Germany[J]. Energy policy,2011,39(4):1909-1922.

[236] 陈剑平,盛亚. 创新政策激励机理的多案例研究:以利益相关者权利需求为中介[J]. 科学学研究,2013,31(7):1109-1120.

[237] HESS D J,MAI Q D. Renewable electricity policy in Asia:a qualitative comparative analysis of factors affecting sustainability transitions[J]. Environmental innovation and societal transitions,2014,12:31-46.

[238] DAHLANDER L,GANN D M,WALLIN M W. How open is innovation? A retrospective and ideas forward[J]. Research policy,2021,50(4):104218.

[239] BYUN J, PARK H, HONG J P. An international comparison of competitiveness in knowledge services[J]. Technological forecasting and social change,2017,114:203-213.

[240] 徐禕,刘艺璇. 技术信任和领导信任对企业员工新技术接受的影响[J]. 心理科学进展,2021,29(10):1711-1723.

[241] PEI X L,WU T J,GUO J N,et al. Relationship between entrepreneurial team characteristics and venture performance in China:from the aspects of cognition and behaviors[J]. Sustainability,2020,12(1):377.

[242] 吕兴群. 正式制度支持对科技型新企业创新绩效的影响:兼论创业团队信任的调节作用[J]. 求是学刊,2021,48(6):82-90.

[243] LI M W,TENG H Y,CHEN C Y.Unlocking the customer engagement-brand loyalty relationship in tourism social media: the roles of brand attachment and customer trust[J].Journal of hospitality and tourism management,2020,44:184-192.

[244] CHAKRABORTY D,SIDDIQUI A,SIDDIQUI M,et al. Mobile payment apps filling value gaps:integrating consumption values with initial trust and customer involvement[J].Journal of retailing and consumer services, 2022,66:102946.

[245] LANJOUW J O, PAKES A, PUTNAM J.How to count patents and value intellectual property: the uses of patent renewal and application data[J]. Journal of industrialeconomics,1998,46(4):405-432.

[246] GREENHALGH C, ROGERS M.The value of intellectual property rights to firms and society[J]. Oxford review of economic policy,2007, 23(4):541-567.

[247] WEST J. How open is open enough? [J]. Research policy,2003,32(7):1259-1285.

[248] RZEPKA A.Innovation, inter-organizational relation, and co-operation between enterprises in Podkarpacie region in Poland [J].Procedia manufacturing,2019,30:642-649.

[249] NILSSON M,MOODYSSON J. Regional innovation policy and coordination: illustrations from Southern Sweden[J]. Science and public policy, 2015, 42(2):147-161.

[250] 杜阳,李田. 产业政策、竞争驱动与企业创新效率[J]. 经济与管理研究,2020,41(7):47-60.

[251] DEL RÍO P, MIR-ARTIGUES P.Support for solar PV deployment in Spain: some policy lessons [J]. Renewable and sustainable energy reviews,2012,16(8):5557-5566.

[252] JACOBSSON S,KARLTORP K. Mechanisms blocking the dynamics of the European offshore wind energy innovation system: challenges for policy intervention[J]. Energy policy,2013,63:1182-1195.

[253] KUHLMANN S,SHAPIRA P,SMITS R.Introduction. A systemic perspective: the innovation policy dance[M]//The theory and practice of innovation policy. [S. l.]:Edward Elgar Publishing,2010.

[254] 张锦程,方卫华. 政策变迁视角下创新生态系统演化研究:以新能源汽车产业为例[J]. 科技管理研究,2022,42(11):173-182.

[255] SHRIMALI G,KNIEFEL J.Are government policies effective in promoting deployment of renewable electricity resources? [J].Energy policy, 2011, 39(9):4726-4741.

[256] SCHMID G.The development of renewable energy power in India: which policies have been effective? [J]. Energy policy,2012,45:317-326.

[257] WANG Z Y,QIN H Y,LEWIS J I. China's wind power industry:policy support,technological achievements,and emerging challenges[J]. Energy policy,2012,51:80-88.

[258] 吕燕. 我国促进企业技术创新政策失灵问题研究:基于政策目标价值取向的测量设计与分析[J]. 中国行政管理,2014(12):104-109.

[259] LIANG H W,DONG L,LUO X.Balancing regional industrial development: analysis on regional disparity of China's industrial emissions and policy implications[J].Journal of cleaner production,2016,126:223-235.

[260] GUO D, GUO Y, JIANG K. Government-subsidized R&D and firm innovation: evidence from China [J]. Research policy, 2016, 45(6): 1129-1144.
[261] 孙继德,计喆. 产业政策力度对建设项目创新绩效的影响研究:基于区域创新环境与知识创造水平的考量[J]. 工业技术经济,2022,41(5):3-11.
[262] HERRERA L, NIETO M. The national innovation policy effect according to firm location[J]. Technovation, 2008, 28(8): 540-550.
[263] PATANAKUL P, PINTO J K. Examining the roles of government policy on innovation[J]. The journal of high technology management research, 2014, 25(2): 97-107.
[264] 夏清华,谭曼庆. 产业政策如何影响企业创新?:基于中国信息技术产业的分析[J]. 软科学,2022,36(1):9-17.
[265] 徐彪,李心丹,张珣. 区域环境对企业创新绩效的影响机制研究[J]. 科研管理,2011,32(9):147-156.
[266] ACEMOGLU D, JOHNSON S, ROBINSON J A. Chapter 6 institutions as a fundamental cause of long-run growth[M]//Handbook of economic growth. Amsterdam: Elsevier, 2005: 385-472.
[267] BARASA L, KNOBEN J, VERMEULEN P, et al. Institutions, resources and innovation in East Africa: a firm level approach[J]. Research Policy, 2017, 46(1): 280-291.
[268] JIAO H, KOO C K, CUI Y. Legal environment, government effectiveness and firms' innovation in China: examining the moderating influence of government ownership[J]. Technological forecasting and social change, 2015, 96: 15-24.
[269] CHADEE D, ROXAS B. Institutional environment, innovation capacity and firm performance in Russia[J]. Critical perspectives on international business, 2013, 9(1/2): 19-39.
[270] 施晓丽,蒋林林. 区域创新环境的综合评价及对创新效率的影响分析[J]. 开发研究,2021(3):15-22.
[271] 苏敬勤,耿艳. 政策作用下创新意愿转化为创新行为的机理研究[J]. 科学学与科学技术管理,2014,35(5):27-34.
[272] 洪勇,李英敏. 自主创新的政策传导机制研究[J]. 科学学研究,2012,30(3):449-457.
[273] SANDU S, ANGHEL I. The interaction of policy-mix instruments

conducive to increasing R&D investment in Romania[J].Juridical current, 2010,13(3):149-161.

[274] 刘凤朝,马荣康.跨国公司在华专利活动的技术溢出效应[J].管理学报, 2012,9(9):1343-1348.

[275] CALOFFI A, FREO M, GHINOI S, et al.Assessing the effects of a deliberate policy mix: the case of technology and innovation advisory services and innovation vouchers[J]. Research policy,2022,51(6):104535.

[276] CHE X J,ZHOU P,CHAI K H. Regional policy effect on photovoltaic (PV) technology innovation: findings from 260 cities in China[J]. Energy policy,2022,162:112807.

[277] 王晓珍,叶靖雅,王玉珠,等.政府补贴对企业R&D投入影响的研究评述与展望[J].研究与发展管理,2017,29(1):139-148.

[278] NYBAKK E, HANSEN E. Entrepreneurial attitude, innovation and performance among Norwegian nature-based tourism enterprises[J]. Forest policy and economics,2008,10(7/8):473-479.

[279] 高伟,方立宇,王晓珍,等.金融支持路径对风电产业技术创新影响的比较研究[J].科技进步与对策,2016,33(23):62-69.

[280] WAN Q C,CHEN J,YAO Z,et al. Preferential tax policy and R&D personnel flow for technological innovation efficiency of China's high-tech industry in an emerging economy[J]. Technological forecasting and social change,2022,174:121228.

[281] BESSANT J, RUSH H.Building bridges for innovation: the role of consultants in technology transfer[J].Research policy, 1995, 24(1): 97-114.

[282] 高伟,吴昌松,乔光辉,等.风电产业研发资助政策的传导效果实证研究[J].中国软科学,2017(11):54-65.

[283] 孔婕,谈毅.我国上市公司的国家创新政策绩效评估实证研究[J].科学技术与工程,2009,9(24):7416-7423.

[284] 傅利平,李小静.政府补贴在企业创新过程的信号传递效应分析:基于战略性新兴产业上市公司面板数据[J].系统工程,2014,32(11):50-58.

[285] 毛毅翀,吴福象.创新补贴、研发投入与技术突破:机制与路径[J].经济与管理研究,2022,43(4):26-45.

[286] 王晓珍,邹鸿辉.产业政策对风电企业创新绩效的作用机制分析:基于时滞和区域创新环境的考量[J].研究与发展管理,2018,30(2):33-45.

[287] 曾繁华,肖苏阳,刘灿辉.培育类产业政策对中小企业技术创新的影响[J].科技进步与对策,2022,39(12):112-122.

[288] 谢林海,李一帆,郑明贵.财税激励政策对新能源产业创新绩效的影响:研发投入的中介效应[J].管理现代化,2022,42(1):53-57.

[289] 杨岚,毛显强,刘琴,等.基于 CGE 模型的能源税政策影响分析[J].中国人口·资源与环境,2009,19(2):24-29.

[290] 李政,付淳宇.中国创意经济发展政策及其效果[J].经济学家,2012(11):52-61.

[291] 刘建民,王蓓,吴金光.基于区域效应的财政政策效果研究:以中国的省际面板数据为例:1981—2010[J].经济学动态,2012(9):30-35.

[292] 王文倩.论产业政策对企业技术创新的影响:政策工具的机制检验、政府行为差异下的异质性特征[J].江汉学术,2022,41(3):82-91.

[293] 李玮.产业政策对数字经济行业技术创新的异质性影响[J].技术经济与管理研究,2022(6):8-12.

[294] 李成明,李亚飞,董志勇.资本市场开放与产业政策有效性:基于企业创新视角[J].产业经济研究,2022(3):1-14.

[295] 张燕,邓峰,卓乘风.产业政策对创新数量与质量的影响效应[J].宏观质量研究,2022,10(3):63-78.

[296] 何钰子,汤子隆,常曦,等.地方产业政策如何影响企业技术创新?:结构特征、影响机制与政府激励结构破解[J].中国软科学,2022(4):45-54.

[297] SHI J R,JIANG Z H,LUO B. Economic policy,regulatory policy,or soft policy: which category of policy can effectively improve the green innovation of Chinese wind power industry? [J]. Managerial and decision economics,2022,43(6):2284-2298.

[298] ROTHWELL R,ZEGVELD W. Industrial innovation and public policy: preparing for the 1980s and the 1990s[M]. Westport,Conn.:Greenwood Press,1981.

[299] 贾永飞,郭玥,李金萍,等.政策工具视角下企业技术创新政策三维评价研究[J].山东财经大学学报,2022,34(3):69-80.

[300] 程华,钱芬芬.政策力度、政策稳定性、政策工具与创新绩效:基于 2000—2009 年产业面板数据的实证分析[J].科研管理,2013,34(10):103-108.

[301] 黄萃,苏竣,施丽萍,等.政策工具视角的中国风能政策文本量化研究[J].科学学研究,2011,29(6):876-882.

[302] KERN F,KIVIMAA P,MARTISKAINEN M.Policy packaging or policy

patching? The development of complex energy efficiency policy mixes [J]. Energy research & social science,2017,23:11-25.

[303] 宋敏,龙勇.政策工具视角下我国碳达峰碳中和政策文本分析[J].改革,2022(6):145-155.

[304] SCHNEIDER A,INGRAM H.Systematically pinching ideas: a comparative approach to policy design[J].Journal of public policy,1988,8(1):61-80.

[305] PETERS B G. Policy instruments and public management:bridging the gaps[J].Journal of public administration research and theory,2000,10(1):35-47.

[306] LIU Y,ZHAO H. Quantitative evaluation of policy based on PMC index model:a case study of China's textile industry policy[J]. Mathematical problems in engineering,2022,2022:1-17.

[307] WANG K,LEI L,QIU S,et al. Policy performance of green lighting industry in China: a DID analysis from the perspective of energy conservation and emission reduction[J]. Energies,2020,13(22):5855.

[308] CAO M. Policy analysis and optimization method of Chinese animation industry management based on policy tools[J]. Mathematical problems in engineering,2022,2022:1-13.

[309] ZHANG L,ZHANG X M.Research on quality performance evaluation of general aviation industry policy effectiveness based on grey relational analysis[J].IOP conference series: earth and environmental science,2019,252(5):052044.

[310] LIBECAP G D. Economic variables and the development of the law:the case of western mineral rights[J].The journal of economic history,1978,38(2):338-362.

[311] 罗茜,王海燕,康志男.中国集成电路产业政策焦点变迁与演进规律[J/OL].科学学研究,2023,41(3):413-423,463.

[312] LUO G,LI Y,TANG W,et al. Wind curtailment of China's wind power operation:evolution,causes and solutions[J]. Renewable and sustainable energy reviews,2016,53:1190-1201.

[313] XU Y,YANG K,ZHAO G H.The influencing factors and hierarchical relationships of offshore wind power industry in China[J]. Environmental science and pollution research,2021,28(37):52329-52344.

[314] ZHANG S F,ZHAO X L,ANDREWS-SPEED P,et al. The development

trajectories of wind power and solar PV power in China: a comparison and policy recommendations [J]. Renewable and sustainable energy reviews, 2013, 26: 322-331.

[315] YDERSBOND I M, KORSNES M. Wind power in China and in the EU: comparative analysis of key political drivers[J]. Energy procedia, 2014, 58: 95-102.

[316] LI LY, REN X Q, YANG Y L. Analysis and recommendations for onshore wind power policies in China [J]. Renewable and sustainable energy reviews, 2018, 82: 156-167.

[317] 袁胜军，俞立平，钟昌标，等.创新政策促进了创新数量还是创新质量?:以高技术产业为例[J].中国软科学，2020(3):32-45.

[318] DUAN Y L, LEI H, XUAN L, et al. The moderating effect of absorptive capacity on the technology search and innovation quality relationship in high-tech manufacturing firms[J]. Journal of engineering and technology management, 2021, 62: 101656.

[319] 杨博，王林辉.财税激励政策对企业创新质量提升的影响[J].统计与决策，2021，37(17):159-163.

[320] 席龙胜，赵辉.高管双元环保认知、绿色创新与企业可持续发展绩效[J].经济管理，2022，44(3):139-158.

[321] 庞明川.宏观政策的性质、效应与“政策-制度”的演进逻辑[J].社会科学文摘，2020(11):43-45.

[322] 陈卓淳.“失灵”思路下可再生能源技术扩散阻碍因素研究[J].科技进步与对策，2018，35(10):115-120.

[323] YANG X L, HE L Y, XIA Y F, et al. Effect of government subsidies on renewable energy investments: the threshold effect[J]. Energy policy, 2019, 132: 156-166.

[324] 孟霏，高粼彤，鲁志国.政府资助对战略性新兴企业创新投资的影响研究[J].金融与经济，2022(5):72-81.

[325] SCHLEICH J, WALZ R, RAGWITZ M. Effects of policies on patenting in wind-power technologies[J]. Energy policy, 2017, 108: 684-695.

[326] VITENU-SACKEY P A, OPPONG S, BATHUURE I A. The impact of green fiscal policy on green technology investment: evidence from China [J]. International journal of management excellence, 2021, 16(3): 2348-2358.

[327] ZHANG C, CHANG K, ZENG H Y. The influences of fiscal and credit

[355] 张韶帅. 国家腐败治理对企业 R&D 投资策略的影响研究[D]. 呼和浩特：内蒙古财经大学，2021.
[356] 周海涛，张振刚. 政府科技经费对企业创新决策行为的引导效应研究：基于广东高新技术企业微观面板数据[J]. 中国软科学，2016(6)：110-120.
[357] 李晓钟，吴振雄，张小蒂. 政府补贴对物联网企业生产效率的影响研究：基于沪深两市 2010—2013 年公司数据的实证检验[J]. 中国软科学，2016(2)：105-113.
[358] 黄文娣，李远. 融资约束视角下政府补贴与企业技术创新：机理分析与广东数据检验[J]. 科技管理研究，2022，42(11)：49-55.
[359] 伍健，田志龙，龙晓枫，等. 战略性新兴产业中政府补贴对企业创新的影响[J]. 科学学研究，2018，36(1)：158-166.
[360] 谢丽霞. 战略性新兴产业政策与企业创新能力提升：基于自然实验的经验证据[J]. 江苏商论，2021(7)：97-101.
[361] 张永安，宋晨晨，王燕妮. 创新科技政策时滞效应研究：基于中关村国家自主创新示范区数据[J]. 科技进步与对策，2018，35(1)：109-115.
[362] 田祎鹏. 淄博市金融支持高新技术企业发展效率分析[D]. 保定：河北金融学院，2022.
[363] 程跃，王维梦. 创新资源对跨区域协同创新绩效的影响研究：基于 31 个省份的 QCA 分析[J]. 华东经济管理，2022，36(6)：13-22.
[364] GRAFSTRÖM J. An anatomy of failure：China's wind power development[J]. Quarterly journal of austrian economics，2021，24(2)：317-347.
[365] 邓江花，张中华. 经济政策不确定性与企业创新投资[J]. 软科学，2021，35(6)：23-28.
[366] 王德祥，李昕. 政府补贴、政治关联与企业创新投入[J]. 财政研究，2017(8)：79-89.
[367] SHIPAN C R，VOLDEN C. Policy diffusion：seven lessons for scholars and practitioners[J]. Public administration review，2012，72(6)：788-796.
[368] 黄燕芬，张超. 国家治理视角下的政策扩散研究：基于期望效用模型的分析框架[J]. 教学与研究，2020(3)：13-25.
[369] 谭颜波. 政策扩散机制的类型研究：基于浙江省湖州市的环境政策实践[J]. 辽宁行政学院学报，2021，23(5)：44-48.
[370] 周英男，黄赛，宋晓曼. 政策扩散研究综述与未来展望[J]. 华东经济管理，2019，33(5)：150-157.
[371] GO M H. Building a safe state[J]. The American review of public

administration,2016,46(6):713-733.

[372] 鲍伟慧.政策扩散理论国外研究述评:态势、关注与展望[J].内蒙古大学学报(哲学社会科学版),2021,53(4):82-89.

[373] MINTROM M,VERGARI S. Policy networks and innovation diffusion: the case of state education reforms[J]. The journal of politics,1998,60(1):126-148.

[374] BLATTER J,PORTMANN L,RAUSIS F. Theorizing policy diffusion: from a patchy set of mechanisms to a paradigmatic typology[J]. Journal of European public policy,2022,29(6):805-825.

[375] DOBBIN F,SIMMONS B,GARRETT G. The global diffusion of public policies: social construction, coercion, competition, or learning? [J]. Annual review of sociology,2007,33:449-472.

[376] 胡占光."三治结合"何以得到全国性推广?:基于政策创新扩散的视角[J].治理研究,2022(1):66-78.

[377] SHIPAN C R, VOLDEN C. The mechanisms of policy diffusion[J]. American journal of political science,2008,52(4):840-857.

[378] 彭川宇,刘月.城市科技创新人才政策扩散动力因素时空差异研究[J].科技进步与对策,2022,39(24):81-90.

[379] 章高荣.高风险弱激励型政策创新扩散机制研究:以省级政府社会组织双重管理体制改革为例[J].公共管理学报,2017,14(4):1-15.

[380] LI X H,LV Y,SARKER M N I,et al. Assessment of critical diffusion factors of public-private partnership and social policy: evidence from mainland prefecture-level cities in China[J]. Land,2022,11(3):335.

[381] 王昶,周亚洲,耿红军.本地能力视角下战略性新兴产业政策扩散研究:以中国内地31省份新材料政策为例[J].科技进步与对策,2021,38(23):121-130.

[382] ZHANG Y T,XU L,LU Z N. Research on policy diffusion mechanism of government procurement of public services based on an MFCM[J]. Kybernetes,2022,52(10):3986-4013.

[383] 矫大海.政策扩散视角下中国公共自行车政策的时空演进及其机制分析[D].南京:南京大学,2017.

[384] 王洛忠,庞锐.中国公共政策时空演进机理及扩散路径:以河长制的落地与变迁为例[J].中国行政管理,2018(5):63-69.

[385] 刘伟.学习借鉴与跟风模仿:基于政策扩散理论的地方政府行为辨析[J].

国家行政学院学报，2014(1)：34-38.

[386] 吴光芸，刘潞，李嘉薇．政策创新扩散视阈下长期护理保险制度的时空演进[J]．江西社会科学，2022，42(4)：73-84.

[387] 肖涵月，孙慧，王慧，等．从“试点”到“扩散”：低碳城市试点的包容性低碳增长效应分析[J]．产业经济研究，2022(3)：28-40.

[388] 贾义猛，张郁．模式的扩散与扩散的模式：行政审批局创新扩散研究[J]．求实，2022(2)：24-36.

[389] 李鹏，张奇林，高明．我国农村低保政策演进逻辑与发展取向：基于间断-均衡与政策范式视角[J]．中共福建省委党校（福建行政学院）学报，2022(2)：108-117.

[390] 丁刚，黄冰湟，陈新艺．中国碳交易政策扩散的影响因素、路径差异与减碳效果研究：基于省域数据的实证分析[J]．西北人口，2022，43(1)：1-13.

[391] 郝晓燕，臧麟山，翟羽佳．我国战略性新兴产业激励政策演进规律分析：基于政策结构视角[J]．科学管理研究，2022，40(1)：67-73.

[392] 叶选挺，李明华．中国产业政策差异的文献量化研究：以半导体照明产业为例[J]．公共管理学报，2015，12(2)：145-152.

[393] 邢尊明．我国地方政府体育产业政策行为研究：基于政策扩散理论的省（级）际政策实践调查与实证分析[J]．体育科学，2016，36(1)：27-37.

[394] 王法硕，项佳囡．中国地方政府数据开放政策扩散影响因素研究：基于283个地级市数据的事件史分析[J]．情报杂志，2021，40(11)：113-120.

[395] 马亮．政府创新扩散视角下的电子政务发展：基于中国省级政府的实证研究[J]．图书情报工作，2012，56(7)：117-124.

[396] ZHANG Y L，ZHU X F.Multiple mechanisms of policy diffusion in China[J]. Public management review，2019，21(4)：495-514.

[397] FAY D L，KINCH A，BERRY F S.Explaining interstate military friendly policy diffusion across U. S. universities：uncovering vertical-diagonal diffusion [J]. Public management review，2022，24(12)：2053-2078.

[398] ZHU X F. Mandate versus championship：vertical government intervention and diffusion of innovation in public services in authoritarian China[J]. Public management review，2014，16(1)：117-139.

[399] KOSTKA G，HOBBS W. Local energy efficiency policy implementation in China：bridging the gap between national priorities and local interests [J]. The China quarterly，2012，211：765-785.

[400] 刘鹏，马亮，刘志鹏．央地关系与政府机构改革：基于中国地级食品安全监

管机构改革进度的实证研究[J]. 公共行政评论,2016,9(5):24-42.
[401] KIM J, MCDONALD B D III, LEE J. The nexus of state and local capacity in vertical policy diffusion[J]. The American review of public administration, 2018, 48(2): 188-200.
[402] 朱多刚,郭俊华. 专利资助政策的创新与扩散:面向中国省份的事件史分析[J]. 公共行政评论,2016,9(5):64-83.
[403] 朱旭峰,赵慧. 政府间关系视角下的社会政策扩散:以城市低保制度为例(1993—1999)[J]. 中国社会科学,2016(8):95-116.
[404] LIEBERTHAL K G, CHENG L, YU K P. China's political development: Chinese and American perspectives[M]. [S. l]: Brookings Institution Press, 2014.
[405] 程聪慧,褚清清. 创业投资政府引导基金政策扩散研究:基于全国 31 省数据的事件史分析[J]. 南方经济,2022(1):115-130.
[406] 王洪涛,魏淑艳. 地方政府信息公开制度时空演进机理及启示基于政策扩散视角[J]. 东北大学学报(社会科学版),2015,17(6):600-605.
[407] ZHU X F, ZHANG Y L. Diffusion of marketization innovation with administrative centralization in a multilevel system: evidence from China [J]. Journal of public administration research and theory, 2019, 29(1): 133-150.
[408] 朱旭峰,赵慧. 自下而上的政策学习:中国三项养老保险政策的比较案例研究[J]. 南京社会科学,2015(6):68-75.
[409] ZHANG Y L. From state to market: private participation in China's urban infrastructure sectors, 1992—2008[J]. World development, 2014, 64: 473-486.
[410] 刘凤良,吕志华. 经济增长框架下的最优环境税及其配套政策研究:基于中国数据的模拟运算[J]. 管理世界,2009(6):40-51.
[411] BENSON T, MINOT N, PENDER J, et al. Information to guide policy responses to higher global food prices: the data and analyses required [J]. Food policy, 2013, 38: 47-58.
[412] LOCKWOOD B B, WEINZIERL M. Positive and normative judgments implicit in U.S. tax policy, and the costs of unequal growth and recessions[J]. Journal of monetary economics, 2016, 77: 30-47.
[413] 赵慧. 中国社会政策创新及扩散:以养老保险政策为例[J]. 国家行政学院学报,2013(6):44-48.

[414] MASSEY E,BIESBROEK R,HUITEMA D,et al.Climate policy innovation: the adoption and diffusion of adaptation policies across Europe[J]. Global environmental change,2014,29:434-443.

[415] ALIZADA K.Rethinking the diffusion of renewable energy policies: a global assessment of feed-in tariffs and renewable portfolio standards [J]. Energy research & social science,2018,44:346-361.

[416] 梁明辉,易凌峰.组织政治氛围对员工疏离感的影响:自我决定动机的中介作用[J].心理科学,2018,41(2):397-402.

[417] 林叶,李燕萍.前瞻性行为与员工的工作绩效:领导的正直性和团队政治氛围的调节作用[J].商业经济与管理,2016(7):73-82.

[418] KANNAN V D,VEAZIE P J.Political orientation,political environment,and health behaviors in the United States[J]. Preventive medicine,2018, 114:95-101.

[419] 郭晓薇.中国情境中的上下级关系构念研究述评:兼论领导-成员交换理论的本土贴切性[J].南开管理评论,2011,14(2):61-68.

[420] 杨玉龙,潘飞,张川.上下级关系、组织分权与企业业绩评价系统[J].管理世界,2014(10):114-135.

[421] ARBOLINO R,CARLUCCI F,SIMONE L D,et al. The policy diffusion of environmental performance in the European countries[J]. Ecological indicators,2018,89:130-138.

[422] 冯洁.高等教育省级统筹的公共财政支撑能力研究[D].湘潭:湘潭大学,2010.

[423] MOSIER S L,THILMANY D. Diffusion of food policy in the U. S. :the case of organic certification[J]. Food policy,2016,61:80-91.

[424] CHATFIELD A T,REDDICK C G. The role of policy entrepreneurs in open government data policy innovation diffusion: an analysis of Australian Federal and State Governments[J]. Government information quarterly,2018,35(1):123-134.

[425] MORTON C,WILSON C,ANABLE J. The diffusion of domestic energy efficiency policies: a spatial perspective[J].Energy policy, 2018, 114: 77-88.

[426] 朱德米.公共政策扩散、政策转移与政策网络:整合性分析框架的构建[J].国外社会科学,2007(5):19-23.

[427] 李健.公益创投政策扩散的制度逻辑与行动策略:基于我国地方政府政策

文本的分析[J]. 南京社会科学,2017(2):91-97.

[428] 吴宾,徐萌. 中国住房保障政策扩散的过程及特征[J]. 城市问题,2018(4):85-93.

[429] STREBEL F. Inter-governmental institutions as promoters of energy policy diffusion in a federal setting[J].Energy policy,2011,39(1):467-476.

[430] 谢俊. 棚户区改造政策扩散因素分析[J].中南财经政法大学学报,2018(3):80-86.

[431] ZHANG Y,SONG J,HAMORI S. Impact of subsidy policies on diffusion of photovoltaic power generation[J].Energy policy,2011,39(4):1958-1964.

[432] 靳亮,陈世香. 横向自发与纵向推动:我国政策扩散的双重逻辑:以地方文化体制改革为例[J]. 广西社会科学,2017(11):124-129.

[433] 邓智平. 路径依赖、政策扩散与国家自主性:中国养老保险制度变迁的逻辑[J]. 学术研究,2014(10):38-44.

[434] 张淑杰,孙天华. 农业补贴政策效率及其影响因素研究:基于河南省 360 户农户调研数据的实证分析[J]. 农业技术经济,2012(12):68-74.

[435] 魏峰. 教育政策效率低下的原因分析及其提升策略[J]. 教育发展研究,2013,33(3):37-41.

[436] AGOVINO M,CERCIELLO M,GATTO A. Policy efficiency in the field of food sustainability. The adjusted food agriculture and nutrition index[J]. Journal of environmental management,2018,218:220-233.

[437] 刘小燕. 政府形象传播的本质内涵[J]. 国际新闻界,2003(6):49-54.

[438] 沈清基. 城乡生态环境一体化规划框架探讨:基于生态效益的思考[J]. 城市规划,2012,36(12):33-40.

[439] 郑云坚. 区域创新环境对企业创新创造能力影响研究:基于战略性新兴产业企业的实证分析[J]. 福州大学学报(哲学社会科学版),2022,36(3):88-95.

[440] 张之光,杜宁,马祎晗. 区域创新环境是否提高了中国信息技术产业创新效率:基于两阶段创新过程的实证研究[J]. 科技进步与对策,2020,37(5):47-56.

[441] 卢英敏,逄亚男. 创新环境对区域创新效率的影响:基于空间面板 Tobit 模型的分析[J]. 长白学刊,2020(1):94-102.

[442] 朱姝. 区域创新环境对高技术产业技术创新绩效的门槛效应研究[D]. 南京:南京理工大学,2019.

[443] GU Y Z,HU L Y,HOU C X. Leveraging diverse ecosystem partners for innovation:the roles of regional innovation environment and partnership heterogeneity[J].Economic research-ekonomska istraživanja, 2023, 36(1):1167-1186.

[444] 夏清华,何丹. 政府研发补贴促进企业创新了吗:信号理论视角的解释[J]. 科技进步与对策,2020,37(1):92-101.

[445] 赵阳,吴一平,杨国超. 体制内关系、创业规模与新创企业成长[J]. 财经研究,2020,46(7):79-92.

[446] 冯宗宪,贾楠亭,程鑫. 环境规制、技术创新与企业产权性质[J]. 西安交通大学学报(社会科学版),2020,40(5):77-86.

[447] 尹航,刘佳欣,曾能民. 创业投资引导基金作用下中小企业商业模式创新的策略演化研究[J]. 系统工程理论与实践,2022,42(8):2139-2159.

[448] ZHANG Y A,HU P. Analysis on the overall level of regional innovation environment in China [C]//Proceedings of the 2nd International Conference on E-Education,E-Business and E-Technology. New York: ACM,2018:159-164.

[449] 马永红,李保祥. 区域创新环境对经济发展质量的影响[J]. 统计与决策,2021,37(22):120-124.

[450] CATTANI G.Preadaptation, firm heterogeneity, and technological performance:a study on the evolution of fiber optics,1970—1995[J]. Organization science,2005,16(6):563-580.

[451] MIHALACHE O R,JANSEN J J J P,VAN DEN BOSCH F A J,et al. Offshoring and firm innovation:the moderating role of top management team attributes[J].Strategic management journal,2012,33(13):1480-1498.

[452] 单春霞,李倩,仲伟周,等. 政府补贴、股权结构与创业板上市公司成长性:基于企业异质性视角[J]. 经济问题,2021(1):39-46.

[453] 郑梅莲,何晓婷. 股权集中度、企业规模、产权性质与企业市场价值的实证研究:基于投资者视角[J]. 经营与管理,2014(11):102-106.

[454] 吕久琴,郁丹丹. 政府科研创新补助与企业研发投入:挤出、替代还是激励?[J]. 中国科技论坛,2011(8):21-28.

[455] 李健,杨蓓蓓,潘镇. 政府补助、股权集中度与企业创新可持续性[J]. 中国软科学,2016(6):180-192.

[456] SALEEM SALEM ALZOUBI E.Ownership structure and earnings management:evidence from Jordan[J]. International journal of accounting & information

management,2016,24(2):135-161.

[457] 袁方.控制权配置对企业创新投入的影响研究[J].时代经贸,2022(6):98-100.

[458] 杜重.控制权配置对创业企业的影响研究[D].杭州:浙江大学,2017.

[459] KLENKE K.Gender influences in decision-making processes in top management teams[J]. Management decision,2003,41(10):1024-1034.

[460] 邓峰,杨国歌,任转转. R&D 补贴与数字企业技术创新:基于数字经济产业的检验证据[J].产业经济研究,2021(4):27-41.

[461] CHEN L, YANG W. R&D tax credits and firm innovation: evidence from China[J].Technological forecasting and social change,2019,146:233-241.

[462] ABOAGYE B, GYAMFI S, OFOSU E A, et al.Status of renewable energy resources for electricity supply in Ghana[J].Scientific African,2021,11:e00660.

[463] MINETTI R, ZHU S C. Credit constraints and firm export: microeconomic evidence from Italy[J]. Journal of international economics, 2011, 83(2):109-125.

[464] CHANEY T. Liquidity constrained exporters[J]. Journal of economic dynamics and control,2016,72:141-154.

[465] 李文秀,唐荣.融资约束、产业政策与本土企业出口行为:基于微观视角的理论与实证分析[J].中国软科学,2021(7):174-183.

[466] 李凤羽,杨墨竹.经济政策不确定性会抑制企业投资吗?:基于中国经济政策不确定指数的实证研究[J].金融研究,2015(4):115-129.

[467] 张婷婷,张新民,杨道广.产业政策能够抑制企业税收规避吗:基于地方政府产业政策视角[J].会计研究,2021(10):51-68.

[468] 梁彤缨,桂林玲,刘璇冰.不同融资约束背景下政府研发补助效应研究[J].科技进步与对策,2017,34(7):26-33.

[469] 马文聪,翁银娇,陈修德,等.研发补贴、税收优惠及其组合对企业研发投入的影响:基于融资约束的视角[J].系统管理学报,2022,31(3):534-544.

[470] 张新民,张婷婷,陈德球.产业政策、融资约束与企业投资效率[J].会计研究,2017(4):12-18.

[471] 谢光亚,李明哲.基于专利信息的中国风电产业技术创新能力评价[J].工业技术经济,2013,32(8):3-10.

[472] LIOTARD I, REVEST V. Contests as innovation policy instruments:

lessons from the US federal agencies' experience [J]. Technological forecasting and social change, 2018, 127: 57-69.

[473] FRENKEN K. A complexity-theoretic perspective on innovation policy [J]. Complexity, governance & networks, 2017, 10(1): 35-47.

[474] REISCHAUER G. Industry 4.0 as policy-driven discourse to institutionalize innovation systems in manufacturing [J]. Technological forecasting and social change, 2018, 132: 26-33.

[475] 窦丽琛，范凯迪，柳源. 高新技术企业认定政策对企业创新的激励效应：基于河北省高新技术企业的实证研究[J]. 科技和产业，2022，22(3)：7-13.

[476] HUANG M H, CHEN D Z. How can academic innovation performance in university-industry collaboration be improved? [J]. Technological forecasting and social change, 2017, 123: 210-215.

[477] MARKOVIC S, BAGHERZADEH M. How does breadth of external stakeholder co-creation influence innovation performance? Analyzing the mediating roles of knowledge sharing and product innovation [J]. Journal of business research, 2018, 88: 173-186.

[478] EGGERTSSON T. Economic behavior and institutions [M]. Cambridge: Cambridge University Press, 1990.

[479] CAMPENHOUT B V, CASSIMON D. Multiple equilibria in the dynamics of financial globalization: the role of institutions [J]. Journal of international financial markets, institutions and money, 2012, 22(2): 329-342.